Bruno Hartmann

Einfache Strategieentwicklung
für Mittelstand und Kleinunternehmen

AF146178

Einfache Strategieentwicklung
für Mittelstand und Kleinunternehmen

Wie Sie Kräfte bündeln und Entscheidungen
bewusst treffen

Hinweis:
Dieses Buch ist sorgfältig erarbeitet worden. Dennoch erfolgen alle Angaben ohne Gewähr. Weder Autor noch Verlag können für eventuelle Nachteile oder Schäden, die aus den im Buch gemachten Hinweisen resultieren, eine Haftung übernehmen.

Bibliographische Information der Deutschen Nationalbibliothek:
Die Deutsche Nationalbibliothek verzeichnet diese Publikation in der Deutschen Nationalbibliographie; detaillierte bibliographische Daten sind im Internet über http://dnb.dnb.de abrufbar.

© 2015, 2016 Bruno Hartmann
Herstellung und Verlag:
BoD – Books on Demand, Norderstedt

ISBN: 978-3-73476-258-1

Vorwort

Am Beginn meiner Tätigkeit als Redner war eine zentrale Aufgabe für mich, ein Netzwerk aufzubauen mit Menschen, die in ihrem Umfeld Bedarf für Reden in meinem Themengebiet hatten. Ich suchte Kunden und war überzeugt, dass die Welt auf mich wartete. Ich kontaktierte Verbände, Banken, Handelskammern. Führte viele Gespräche. Es waren alle freundlich zu mir, doch Vortrags-Engagements – Fehlanzeige. Zunächst.

Überall wurde mir ein ähnliches Bild geschildert: *„Wissen Sie Herr Hartmann, unsere Mitglieder sind hauptsächlich Kleinbetriebe. Die haben wenig Interesse an Vorträgen über Führung."* Wenn ich dann begeisternd ein wenig mehr über meine Botschaften und Inhalte sprach, wurden doch viele hellhörig. *„Ja, Strategie ist ein wesentlicher Bestandteil von wirksamer Führung. Warum sollte ich jemandem folgen, wenn ich nicht weiß, wohin?"*, sagte ich gerne. *„Machen Sie uns einen Vortrag darüber, wie ich einfach Strategien machen kann als Kleinbetrieb"*, hörte ich von meinen Gesprächspartnern immer wieder. Das war die Geburtsstunde der Idee für dieses Buch.

Meine Idee war, auf der Basis meines Strategiewissens, das ich im Laufe meiner langjährigen Tätigkeit als Führungskraft angesammelt hatte, einen einfachen und leicht zu lesenden Ratgeber zu entwickeln. Für die Praxis. Für Nicht-Experten in Sachen Strategie. Er soll Unternehmensgründern, wie auch Lenkern von mittleren und kleinen Unternehmen erlauben, schnell die wesentlichen strategischen Fragen für sich zu beantworten. Sie halten das Ergebnis in der zweiten und überarbeiteten Auflage jetzt in Ihren Händen.

Viele der Fragen in diesem Buch musste ich mir auch selbst stellen. Manche schienen banal, und dennoch fiel mir häufig die Antwort nicht leicht. Einmal niedergeschrieben waren diese Antworten gerade in der Anfangsphase immer wieder ein wertvoller Kompass für meine Entscheidungen.

Am Ende geht es darum, Kräfte zu fokussieren und Entscheidungen bewusst zu treffen, um Ihr Unternehmen erfolgreich auszurichten. Dafür habe ich dieses Buch geschrieben.

Viel Spass beim Lesen und viel Erfolg beim Umsetzen!

Ihr
Bruno Hartmann

Inhalt

Vorwort

I. Zusammenfassung für eilige Leser

Die Entwicklung und das zu-Papier-Bringen einer Strategie lohnen auch für Mittelstand und Klein-unternehmen. Mit überschaubarem Aufwand kann damit ein Werkzeug zur Unternehmenssteuerung erstellt werden, das in vielfältiger Richtung hilfreich ist. Neben der Klärung der eigenen Ziele dient die Strategie als Entscheidungskompass im Tages-geschäft, zur eigenen Motivation wie auch zur Motivation von Mitarbeitern und Partnern (z.B. Banken). Der eigene Ressourceneinsatz wird trans-parenter und wirksamer. Die Erfolgswahrschein-lichkeit nimmt zu, da Entscheidungen bewusster getroffen werden und der eingeschlagene Weg regelmäßig hinterfragt wird. In sieben Schritten kommen Sie zu einer tragfähigen Strategie für Ihr Unternehmen.

Schritt 1:
Das Zielfoto oder Leitbild

Zuallererst werden Sie sich darüber klar, was Sie mit Ihrem Unternehmen erreichen wollen und warum Ihnen jemand Geld geben sollte, für das, was Sie anbieten, welchen Wert Sie anbieten wollen und wem. Ein Bild, das zeigt, wo Sie hinwollen, wird Sie motivieren und bei täglichen Entscheidungen leiten.

Schritt 2:
Die Umfeld-Analyse

Der kritische und offene Blick auf das Umfeld, Markt wie Wettbewerber, hilft Trends zu erkennen und Chancen wie Risiken abzuschätzen. Das Erkennen und Nutzen von Trends hilft Ihnen erfolgreich zu sein. Durch den kritischen Blick auf Ihre Konkurrenten erkennen Sie deren Schwächen und können Angriffspunkte festmachen. Sie lernen von deren Stärken und können Risiken rechtzeitig erkennen.

Schritt 3:

Die eigene Positionierung

Durch eine klare Positionierung nehmen Kunden Sie bewusster war. Wofür stehe ich? Sie gewinnen Profil und kommen Ihrem eigenen Entscheidungskompass näher, da Ihnen klar ist, wie der Markt Sie wahrnehmen soll, und was Sie dafür tun müssen. Die Entscheidung, eine Kostenführerstrategie (ich bin der billigste) oder eine Differenzierungsstrategie (ich mache etwas anders) zu verfolgen, hat fundamentale Auswirkungen darauf, wie Sie Ihr Geschäft betreiben wollen. Sie wissen, dass nicht alles gleichzeitig geht, und entscheiden sich bewusst für einige (wenige) Erfolgsfaktoren und Nutzenversprechen, die Sie bedienen wollen.

Schritt 4:

Die Marktsegmentierung

Kundenanforderungen variieren von Gruppe zu Gruppe. Mit einer geeigneten Aufteilung des von Ihnen gewählten Marktes in kleinere Teile werden diese in sich gleichförmiger, homogener und deren Verhalten wird verständlicher. Was bedeutet kurze Lieferzeiten für dieses Marktsegment? Was bedeutet Qualität für dieses Marktsegment? Durch gezielte Ausrichtung Ihrer Aktivitäten auf die von Ihnen ermittelten Erfolgsfaktoren aus Kundensicht fokussieren Sie Ihre Energie und Aktivitäten auf die Dinge, die Erfolg bringen.

Schritt 5:
Der Entwurf des Geschäftsmodells

Schritt für Schritt beantworten Sie die noch offenen wichtigen Fragen für Ihr Geschäft und fügen diese wie Bausteine zu einem Gesamtgebäude zusammen. Kundensegmente, Kundenbeziehung und Kanäle zum Markt werden ebenso hinterfragt und geklärt wie Wertangebote, Schlüsselaktivitäten, Schlüssel-Partnerschaften, Einnahmequellen und die Kostenstruktur. Sie betrachten Ihr Unternehmen einmal rundum und wissen, was Sie tun. Sie entscheiden, was Sie nicht tun oder anbieten und es ist Ihnen klar warum. Die Darstellung als Schaubild hilft Ihnen Ihr eigenes Geschäft besser zu verstehen, aber auch, dieses an Mitarbeiter und Partner leichter zu vermitteln.

Schritt 6:

Der Abgleich Ziele-Umfeld-Geschäftsmodell

Mit der Beschreibung Ihres Geschäfts, dem Geschäftsmodell, in Händen treten Sie einen Schritt zurück und überprüfen Sie, ob und wie dieses Modell tatsächlich zu dem Zielfoto, dem Umfeld und den ausgewählten Marktsegmenten passt. Systematisch suchen Sie Ihre eigenen Stärken und Schwächen als Unternehmen, sowie die Chancen und Risiken, die außerhalb Ihrer Firma auf Sie warten. Auf der Basis dieser „SWOT"-Analyse entwickeln Sie strategische Maßnahmen, um Chancen zu nutzen und Risiken zu reduzieren. Auch ein Notfallplan und die Nachfolgeregelung sind auf Ihrem Radar der Maßnahmen.

Schritt 7:

Das Festlegen und Umsetzen der strategischen Maßnahmen

Jetzt wird es ernst mit der Strategie. Sie legen fest, was Sie tun werden im Rahmen der begrenzt verfügbaren Ressourcen. Sie nehmen sich konkrete Ziele und Maßnahmen vor und entscheiden, mit welchen Kennzahlen sie den Ergebnisfortschritt am besten nachverfolgen können. Klar ist, dass wenige kritische Unternehmenskennzahlen von Ihnen regelmäßig überprüft werden, um Notwendigkeiten zum Gegensteuern zu entdecken. Sie fassen die wichtigsten Punkte Ihrer Strategie in einem Dokument zusammen. Einmal im Jahr nehmen Sie sich zukünftig ein wenig Zeit und nehmen Ihren Kopf hoch, um die Veränderungen im Umfeld und bei den Wettbewerbern zu erkennen und Ihre eigene Strategie gegebenenfalls anzupassen. Ihre Strategie wird zum lebenden Dokument.

II.   Wozu eine Strategie?

Stellen Sie sich vor, Asterix und Obelix stehen mit ihren Leuten auf einer Anhöhe und blicken auf eine römische Kohorte im Tal. „Was machen wir?" fragt Obelix. Und Asterix erwidert: „Wir rennen runter und machen alle platt!" Und dann geht die Keilerei los. Sie fragen sich, was dieser kleine Wortwechsel mit Strategie zu tun hat?

Mit dem einfachen Satz „Wir rennen runter und machen alle platt!" weiß jeder, was passieren soll und wird. Jeder der Leute im Schlepptau der beiden Gallier kann sich, bereits bevor es losgeht, vorstellen, wie die Römer nach der Keilerei platt herumliegen. Obelix sammelt die Helme ein. Ist cool das Bild, jeder will da mitmachen und Teil dieser Keilerei sein. Jeder hat einen Leitfaden für eigene Entscheidungen. Nein, jetzt nicht essen. Nein, jetzt nicht Blumen pflücken. Nein, jetzt nicht Harfe spielen. Sondern rennen und dann kloppen. Römer kloppen. Jeder weiß, dass er dazu seine Keule mitnehmen muss. Das braucht niemand zu befehlen. Jeder weiß, worauf er seine Kräfte konzentriert, nämlich auf die armen, lateinisch sprechenden

Menschen in Blechkostümen. Und jeder freut sich aufs Feiern, wenn das Ziel erreicht ist, sprich die Römer verbeult herumliegen. Nochmals die Frage, was hat das jetzt mit Strategie zu tun?

Wer ein Unternehmen gründet, sich selbständig macht, oder als Freiberufler startet, muss erst mal wissen wo er oder sie hin will. Dieses Ziel und den Weg dahin sollten Sie in einer Strategie beschreiben, die Ihnen Vieles erleichtern wird. Dasselbe gilt natürlich auch für Unternehmer, die bereits ein Unternehmen erfolgreich führen. Falls Sie eines nicht erfolgreich führen und Sie tragen sich mit dem Gedanken es aufzugeben: möglicherweise kann Ihnen eine tragfähige Strategie helfen, das Blatt zu wenden.

Persönliche Ziele

Zunächst gilt es sich darüber klar zu werden, warum ich ein Unternehmen gründen oder betreiben will. Geht es darum, der abhängigen Beschäftigung zu entgehen und vermeintlich selbstbestimmter zu sein? Geht es mir darum, viel Geld zu verdienen, oder reicht es mir, eine Familie zu ernähren? Habe ich eine grandiose Idee, mit der ich die Welt beglücken oder nur ein bisschen besser machen will? Jedes Unternehmen sollte den

Anspruch haben, Probleme zu lösen und gute Gefühle zu erzeugen. Tut es das nicht, wird es nicht überleben, weil niemand (mit wenigen Ausnahmen) für keinen Nutzen Geld ausgibt. Menschen geben Geld aus für Problemlösungen und gute Gefühle. Für wahrgenommenen Nutzen. Sie sollten sich also darüber klar sein, was Ihre persönliche Motivation für ein eigenes Unternehmen ist, weil das Ihre Zielsetzung und die Vorgehensweise nachhaltig beeinflussen kann und wird.

Entscheidungskompass

Unternehmen heißt auch entscheiden. Ständig. Ressourcen sind knapp, egal ob Geld, Zeit oder andere. Und die Möglichkeiten, diese Ressourcen zu verwenden sind schier unzählbar. Haben Sie eine tragfeste Strategie mit einem Ziel und einer Beschreibung des Weges dahin, werden Entscheidungen plötzlich leichter. Weil es dabei nicht mehr darum geht: soll ich oder soll ich nicht? Es geht vielmehr um die Frage: Wie muss ich entscheiden, damit ich meinem Ziel etwas näher komme? Und damit werden die Kriterien greifbarer. Die Situation wird gefühlt deutlich weniger komplex, was Stress und Unsicherheit bei Entscheidungen reduziert. Ein angenehmer Nebeneffekt: man fühlt sich gut. Wie ein Kompass hilft die eigene Strategie an den Weggabelungen die richtige Richtung einzuschlagen. Und vielleicht zu Verlockungen, die mich dem Ziel nicht näher bringen, „nein" zu sagen.

Eigene Motivation

In einem Vortrag hörte ich den renommierten Redner Slatco Sterzenbach über die Kraft von Bildern und Worte sprechen. Er forderte die Zuhörer auf, sich Ziele im Leben zu stecken, die sie noch erreichen wollten und bat sie, drei davon aufzuschreiben. Dann bat er eine Dame, ihm eines ihrer Ziele laut zu nennen. Sie wollte zum Tauchen auf die Malediven. Er forderte uns auf, den Satz „Ich werde zum Tauchen auf die Malediven fahren!" zu sprechen, und ... wow...es tauchte sofort ein Bild in meinem Kopf auf. Bei allen passierte offenbar das Gleiche: wir hatten alle Bilder von einem Sandstrand und Palmen vor den Augen. Natürlich jeder das seine. Und dieses Bild hatte eine ungeheure Anziehungskraft. Ich wollte dahin. Unbedingt. Das war kein Psychotrick, das war ganz einfach eine Demonstration, welche Wirkung Bilder für uns haben können.

Die gleiche Wirkung können wir uns auch im täglichen Leben zu Nutze machen. Wenn wir uns Ziele setzen. Auch bei der Strategie für unser Unternehmen. Wenn wir uns vorstellen können, wie oder was wir zukünftig sind, wenn unser Gehirn ein Bild davon zimmert, wird das eine unglaubliche Sog-wirkung erzielen, die uns zu unserem Ziel leitet. Diese Sogwirkung wird uns auch durch Täler der Tränen tragen, in denen wir plötzlich Zweifel hegen und nicht mehr motiviert bei der Sache sind. Wie sieht mein Restaurant und ich darin aus? Wie meine Produktionshalle, wenn ich einen Ferti-gungsbetrieb gründe? Wie sehe ich mich auf der Bühne als Redner? Bilder können eine ungeheure Kraft erzielen, und diese Bilder des Ziel-Zustands in vielleicht drei oder fünf Jahren können, ja sollen, mit Bestandteil einer Strategie sein. Kopf-Kino für Unternehmer.

Mitarbeitermotivation

Wenn Sie bereits Mitarbeiter beschäftigen, dann stellen Sie sich sicher die Frage, wie sie diese am besten motivieren. Nun, da sage ich mal etwas pro-vokant: am besten gar nicht! Bieten Sie Ihnen ein attraktives Ziel wo Sie hinwollen und Sie werden merken, es gibt Menschen, die da auch mit wollen, die Ihnen folgen. Viele gute Strategien verschwin-den in angestaubten Schubladen, weil diejenigen, die sie erstellen, meinen, Strategien müssten geheim bleiben. Der Charme an einer geheimen

Strategie ist, dass es niemand merkt, wenn sie nicht funktioniert. Auch nicht, wenn sie aufgeht. Außer Sie selber. Wollen Sie das?

Wenn Sie Mitarbeitern aufzeigen, wo sie hinwollen, können diese selbst entscheiden, dass sie mitwollen. Motivation geht immer über Identifikation. Wie sollen sich Mitarbeiter mit einem Weg, den Sie gehen wollen, identifizieren, wenn sie ihn nicht kennen? Machen Sie Ihre Ziele und den Weg dahin transparent für ihre Mitarbeiter und seien Sie erstaunt über den Effekt. Ganz nebenbei wird sich Ihr Führungsaufwand für die eigenen Mitarbeiter reduzieren. Wenn die das Ziel und den Weg kennen, können sie selbst Entscheidungen treffen. Gute Entscheidungen. Ja, zur Keilerei nehmen wir besser die Keule mit! Das braucht dann niemand zu befehlen.

Motivation von Partnern

Brauchen Sie für Ihr Unternehmen Geld? Eventuell von Banken? Falls nicht, schätzen Sie sich glücklich. Die meisten von Ihnen sind nicht in der vorteilhaften Situation. Sie sind von Ihrer Unternehmensidee oder Investition begeistert, Sie wissen was Sie tun wollen, kennen sich aus. Sie sind vom Fach. Und nun erklären Sie genau dies Ihrem Bankberater, was

Sie vorhaben. Je mehr Fachmann Sie sind, desto weniger wird Ihnen vermutlich gelingen, den Mann (oder die Frau) an der anderen Seite des Schreibtisches zu überzeugen, dass es eine gute Idee ist, Ihnen Geld zu leihen. Präsentieren sie jedoch eine logisch nachvollziehbare Geschichte, mit einem klaren Ziel, mit einem klaren Weg, glauben Sie nicht, dass sich Ihre Chancen auf Unterstützung signifikant verbessern? Mit einer einfachen und konsistenten Geschichte, nämlich Ihrer Strategie, die auch noch nachgelesen werden kann (irgendwie glauben wir Dinge, die aufgeschrieben sind, mehr als gesprochenen Worten), können Sie Geldgeber und Partner, deren Unterstützung Sie benötigen, viel leichter überzeugen. Sie gewinnen Vertrauen.

Ressourcen-Einsatz

Auf dem Weg zum Ziel werden Sie immer wieder Ressourcen einsetzen müssen. Zeit, Geld, oder andere. Durch die Überlegung, welche Ressourcen ich zur Verfügung habe und wie ich diese am besten verteile, verhindere ich, Traumzielen hinterher zu rennen und irgendwann frustriert aufgeben zu müssen. Genauer gesagt: setzt Ihr Business Plan auf der Geschichte auf, die Sie in Ihrer Strategie zeichnen? Es geht immer wieder darum, knappe Ressourcen möglichst zielgerichtet und effektiv einzusetzen.

Wenn ich mir Gedanken mache, welche Ressourcen benötigt werden und welche mobilisierbar sind, werde ich meine Ziele realistischer und damit auch erreichbarer definieren. Der Anspruch von Zielen muss das „Erreicht-werden" sein. Ziele, die nicht erreicht werden, demotivieren. Ziele, die erreicht werden, setzen Energie frei. Ganz einfach.

Erfolgssteuerung

Durch die Beschreibung des Zieles und des Weges habe ich die Möglichkeit, unterwegs zu überprüfen, ob ich vorankomme, ob ich auf dem richtigen Weg bin. Im Zeitalter von Navigationssystemen kommen Vergleiche mit Wegweisern und Meilensteinen vermutlich nicht so gut an. Nichtsdestotrotz, genau darum geht es. Unterwegs, in all der täglichen Geschäftigkeit ab und zu den Kopf zu heben und zu schauen: komme ich voran? Stimmt die Richtung? Mit wenigen, geeigneten Meilensteinen oder Kennzahlen, an denen ich von Zeit zu Zeit überprüfe, ob meine Strategie funktioniert und ich dem Ziel näher komme, schaffe ich darüber Klarheit. Das schafft Sicherheit und motivierende Erfolgsgefühle. Oder aber die Möglichkeit zum Gegensteuern oder korrigieren.

Abbildung 1:
Sinn und Zweck einer Strategie

Krisen in Unternehmen verlaufen oft ähnlich. Am Anfang steht eine strategische Krise, die häufig nicht erkannt wird oder in ihrer Wirkung unterschätzt wird. Ausgelöst werden sie durch Veränderungen im Umfeld, im Markt oder auch interne Themen, wie etwa der Verlust von Leistungsträgern oder die Fokussierung auf Märkte, die nicht zu den Erfolgsfaktoren des Unternehmens passen.

Auch die Einführung von nicht zum Geschäft passenden Prozessen und Regeln oder die Auswahl von nicht zur Strategie passenden Führungskräften (was häufig nach Phasen starken Wachstums gemacht wird) kann in kleinen und mittleren Unternehmen Krisen einleiten. In dieser Anfangsphase der Krise lässt sich am leichtesten gegensteuern und Unheil abwenden.

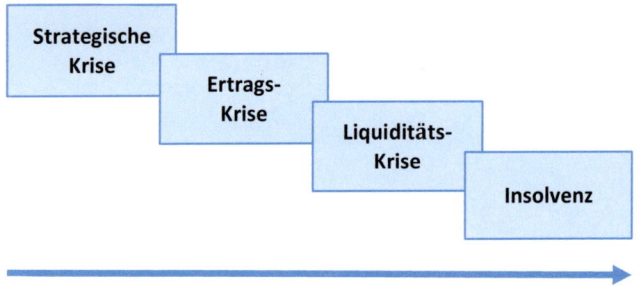

Abbildung 2:
Abnehmender Handlungsspielraum in den Phasen einer Krise

Die Handlungsspielräume sind am Beginn einer Krise am größten. Durch das Erkennen und Treffen von richtigen Entscheidungen lässt sich das Schiff wieder auf Kurs bringen. Im weiteren Verlauf sinken die Erträge (Ertragskrise), die Liquidität wird knapp (Liquiditätskrise), was letztendlich in die Insolvenz führt. Der Handlungsspielraum ist erschöpft. Andere übernehmen das Ruder.

Umso verwunderlicher ist es, wie wenig Aufmerksamkeit häufig der Strategiearbeit in kleinen und mittelgroßen Unternehmen gewidmet wird. Obwohl dadurch mit verhältnismäßig wenig Aufwand nachhaltig die Erfolgswahrscheinlichkeit einer Unternehmung signifikant erhöht wird.

III. In sieben Schritten zur Strategie

Möglicherweise merken Sie bereits beim Lesen, dass ein bisschen Leidenschaft und Emotion beim Autor beim Schreiben dieser Zeilen mitschwingt. Das ist durchaus gewollt. Denn auch eine Strategie sollte sich nicht nur mit kalten Zahlen, Daten und Fakten befassen, sondern auch mit Emotionen und Sinnhaftigkeit. Ziele sollten anziehend, begehrenswert sein. Strategie soll Sicherheit und Vertrauen vermitteln. Das ist was mit Emotion. Mitarbeiter sollen folgen wollen. Auch das ist was mit Emotion. Eine Strategie sollte diese Bedürfnisse befriedigen können.

Auf den nachfolgenden Seiten lesen Sie, wie Sie in sieben Schritten wichtige strategische Fragen für Ihr Unternehmen beantworten und so einen Entscheidungsrahmen für Ihr Tagesgeschäft und das Ihrer Mitarbeiter entwickeln. Ein gängiges Klischee ist „Strategie ist Chefsache!". Das ist sicher so im Ein-Mann-Unternehmen (oder Ein-Frau-Unternehmen). Es ist jedoch hilfreich, so war es zumindest in meiner Erfahrung, diese strategischen Fragen mit jemandem zu teilen, zu diskutieren, um weitere, neue Perspektiven zu erfahren. Jeder von uns projiziert aus dem eigenen Erfahrungsschatz, der jedoch nur ein ganz kleiner Ausschnitt der Realität ist. Dazu ist dieser noch persönlich gefärbt. Daher rate ich dazu, Strategiearbeit im Team zu machen. Das können einige wenige Leistungsträger im Unternehmen sein. Aber auch Freunde, Bekannte, der eigene Lebenspartner oder befreundete Unternehmer, mit denen Sie ein Vertrauensverhältnis haben. Es muss kein fachlicher Experte in Ihrem Feld sein. Ein anderer Blickwinkel, Neugierde und die Fähigkeit, Fragen zu stellen, reicht häufig aus. Die Diskussionen öffnen den eigenen Horizont und Sie finden schnell heraus, ob das, was Sie vorhaben, tatsächlich belastbar ist.

Die Ungeduldigen unter Ihnen werden sicherlich zunächst das Buch in seiner Gesamtheit lesen oder zumindest überfliegen. Das hilft sicherlich, um sich einen Überblick zu verschaffen. Wollen Sie konkret eine Strategie für ein Unternehmen, bereits bestehend oder neu zu startend, entwickeln, dann empfehle ich Schritt für Schritt zu lesen. Lesen Sie jedes Kapitel bzw. jeden Schritt einmal zügig durch, und lesen Sie das Kapitel im Anschluss nochmals langsam und reflektieren Sie die gestellten Fragen. Am Ende jedes Schrittes werden Ihnen Aufgaben und

Fragen gestellt, die Sie schriftlich lösen. Schreiben Sie die jeweils Aufgabennummern und Ihre Antworten auf. Sie werden dadurch leichter tun, den Querverweisen zu folgen. Bis zum Ende des Buchs fügen sich Ihre Antworten zu den einzelnen Aufgaben konzentriert zu einem Gesamtbild zusammen: Ihrer Strategie.

Sie werden feststellen, dass sich Fragen wiederholen oder ähneln. Das ist gewollt. Zum einen werden Themen dadurch von leicht unterschiedlichen Blickwinkeln betrachtet. Zum anderen werden Sie im Verlauf Ihres kleinen Strategieprozesses feststellen, dass Dinge klarer werden und Sie die gleiche Frage am Ende anders beantworten als am Anfang. Das ist Sinn und Zweck eines Strategieprozesses.

Obwohl wir von Strategieprozess sprechen, ist dieser Prozess eigentlich kein linearer Ablauf, sondern vielmehr ein Knetvorgang. Es wird mal rechts herum, dann wieder links herum geknetet. Ein Schritt nach vorne, dann wieder zurück oder seitwärts. Es werden Themen diskutiert und von unterschiedlichen Perspektiven betrachtet. Dadurch werden die Antworten auf die Fragen immer nach und nach immer klarer und konkreter.

Strategie ist ferner nichts einmaliges, sondern ein wiederkehrender Vorgang. Sie starten, erarbeiten und kneten Ihre Strategie. Nach einer geeigneten Zeit, z.B. nach einem Jahr, durchlaufen Sie das Ganze wieder und stellen fest, dass Sie dieselben Dinge mittlerweile anders bewerten. Das ist nichts Schlechtes. Im Gegenteil. Lassen Sie das ruhig zu.

Strategieentwicklung ist kein linearer Ablauf, sondern vielmehr ein Knetvorgang.

Nun wünsche ich Ihnen viel Spaß und Erfolg beim Entwickeln Ihrer Strategie!

Schritt 1

Das Zielfoto oder Leitbild

In einer Dokumentation auf Arte erzählte der Inhaber der Brennerei, die im Schwarzwald den „Monkey 47" Gin produziert, eine interessante Geschichte. Er habe ich immer vorgestellt, dass irgendwann feine englische Gentlemen in einem englischen Nobelkaufhaus sich darüber wundern, dass ein Gin aus dem Schwarzwald im Regal bei den besten Gins dieser Welt seinen Platz gefunden habe. Ich finde dieses Bild klasse. Wie motivierend muss diese Bild für die Beteiligten gewirkt haben in den langen Nächten, in denen die verschiedenen Mixturen in der Destille sicherlich gebrannt und getestet wurden? Ist die Zukunft vorstellbar? Wie soll mein Unternehmen in drei, fünf oder zehn Jahren aussehen? Was will ich bis dahin erreicht haben? Wählen Sie einen Zeitraum, der Ihnen geeignet erscheint. Strategie wird häufig mit Langfristplanung von 5 und mehr Jahren in Verbindung gebracht. Das kann so sein, muss es aber nicht. In Zeiten rascher technischer Veränderungen lässt sich häufig noch nicht einmal vorhersagen, was in den nächsten 2 Jahren passiert.

Daher definieren Sie für sich und Ihr Geschäft einen geeigneten Zeitraum. Keiner weiß es besser als sie, welcher Zeitraum geeignet ist. Klären Sie in diesem ersten Schritt auch, welchen Wert Ihr Unternehmen der Gesellschaft bringt. Unternehmen, die keine Werte schaffen, überleben nicht. Warum sollte Ihnen jemand Geld geben wollen für das, was Sie anbieten? Wer ist dieser jemand? Wie grenzen Sie diesen jemand, diese „Zielgruppe" ab? Welche Menschen haben ein Bedürfnis, das Sie mit Ihrem Produkt befriedigen können? Welches Problem lösen Sie? Suchen Sie dabei am besten eine Zielgruppe, die Ihnen sympathisch ist und der Sie gerne helfen.

Nach meiner Erfahrung geben Menschen nur Geld aus für Problemlösungen und gute Gefühle. Das habe ich bereits erwähnt. Denken Sie daher nicht zu viel in Produkten, sondern ab und zu etwas abstrakter in Problemen und deren Lösung: Kein Mensch braucht eine Waschmaschine. Was gebraucht wird ist saubere Wäsche! Das ist das wahre Problem. Welches Problem lösen Sie? Welches gute Gefühl schaffen Sie? Schränken Sie sich regional ein? Auf den Landkreis? Auf Deutschland? Auf gewerbliche Nutzer? Nehmen Sie sich vor der Beste oder Führende in Ihrem Segment zu werden.

> **Menschen bezahlen für Problemlösungen und gute Gefühle.**

Wenn Sie diesen Schritt gemeistert haben, haben Sie quasi Ihre erste „Vision". Es gibt Menschen, die behaupten, wer Visionen hat solle zu Arzt gehen. Auch darum vermeide ich diesen Begriff. Passender, weil konkreter vorstellbar, finde ich für diesen ersten Schritt Begriffe wie „Zielfoto" oder „Leitbild", eben ein Bild, das leiten soll. In Aufgabe 1 erwarten Sie nun einige Fragen.

Aufgabe 1:

Beantworten die folgenden Fragen schriftlich:

a. *Was konkret will ich anbieten?*
    Wem will ich es anbieten, wem nicht?

b. *Warum sollte mir jemand Geld geben wollen für das, was ich anbiete?*
    Welchen Nutzen biete ich wem?
    Welche Probleme löse ich für meine Kunden?
    Welche positiven Gefühle erzeuge ich?

c. *Wie sehe ich das Unternehmen und mich in 3 oder 5 Jahren? Wenn Sie wollen können Sie hierzu auch ein Bild zeichnen.*

d. *Skizzieren Sie Ihre Umsatz- und Gewinnkurve für den gewählten Zeitraum.*

Schritt 2

Die Umfeld-Analyse

In diesem Schritt wollen wir uns Klarheit über das Umfeld machen, in dem wir uns mit unserer Unternehmung bewegen. Da sind zunächst einmal Fragen nach Trends, die für unsere Zielgruppe relevant sind. Möchte ich ein Budget-Steakhaus eröffnen in einer Zeit in der die Mittelschicht in Deutschland mehr und mehr kritisch dem Fleischkonsum entgegensteht? Es geht mir hier nicht um eine Wertung. Wesentlich ist, Realitäten zu erkennen. Sind Strömungen erkennbar, die sich auf die Bedürfnisse und das Kaufverhalten auswirken können? Gibt es Technologien und Trends, von denen ich als Unternehmen profitieren kann?

Als Beispiele hier die kleine Druckerei, die die Chancen der Vernetzung erkennt und eine kleine Tochter eröffnet, die sich als Online-Druckerei spezialisiert. Oder der Handwerker, der sich auf ökologische Baustoffe spezialisiert, um dem wachsenden ökologischen Gewissen von Bauherren Rechnung zu tragen. Werden Steuervorschriften möglicherweise komplexer und ergibt sich dadurch ein erhöhter Bedarf an Beratungsdienstleistungen bei mir als Steuerberater? Oder ist genau das Gegenteil wahrscheinlicher? Ist eine neue Umgehungsstraße in Planung, die sich positiv oder negativ auf mein Geschäft auswirken könnte?

In diesem Schritt geht es darum, die Augen zu öffnen, bezüglich dessen, was im Umfeld passiert. Wenn dies gewissenhaft gemacht worden wäre, wäre OSRAM nicht von dem Wandel zur Leuchtdiode überrascht worden oder Karstadt vom Trend zum Online-Shopping. Augen auf, Realitäten erkennen und nutzen heißt die Devise. Was bringt eine älter werdende Gesellschaft in Deutschland mit sich? Autos, die autonom fahren? Häuser ohne Treppen? Spezielle Sportgeräte oder Reisen für die rüstigen Rentner von morgen? Welche Veränderungen sind erkennbar, die einen Einfluss auf mein Unternehmen haben könnten, das ist hier die Frage.

Der zweite Fokus in diesem Schritt gilt einer Beobachtung des Wettbewerbs. Wer sind meine Wettbewerber in den Märkten, in denen ich etabliert bin, und in denen, in die ich rein will? Picken Sie sich zwei oder drei Konkurrenten, ganz konkret. Warum sind diese erfolgreich, jeder für sich? Ist es der erstklassige Service im Restaurant oder das exzellente Essen? Oder der Ruf, also die „Marke", was man über ein Unternehmen sagt? Ist es das hochwertige Produkt oder dessen schnelle Verfügbarkeit? Ist es der attraktive Preis oder die bedienerfreundliche Online-Plattform (bei einer Online-Druckerei)?

Es gibt viele Gründe, warum Unternehmen am Markt erfolgreich sind. Schauen Sie auf Ihre Wettbewerber, versuchen Sie zu verstehen, was diese erfolgreich macht. Dies zu wissen wird wichtig sein, nicht nur um zu lernen, sondern auch für Ihre eigene Positionierung, über die wir später noch sprechen, oder vielmehr, Sie lesen werden.

Wo sehen Sie Schwächen bei den Wettbewerbern? Was können oder machen die nicht gut aus Ihrer Sicht? Ist das relevant für die Kunden, gehen die deshalb woanders hin? Eventuell zu Ihnen? Auch bei den Schwächen finden Sie Ansatzpunkte für Ihre eigene Strategie. Wenn alle Küchenhersteller lange Lieferzeiten haben, warum nicht mit kurzen Lieferzeiten punkten? Wenn der Reifenhändler um die Ecke top Preise macht, aber etwas rau im Umgang mit Kunden ist, warum nicht durch freundlichen Service punkten? Sofern es eine Zielgruppe gibt, die das schätzt.

Im zweiten Schritt „Umfeld-Analyse" suchen Sie also systematisch die Trends, die möglicherweise Auswirkungen auf Ihr Geschäft haben könnten, und schätzen ab, ob diese eher Chance oder Risiken darstellen. Darüber hinaus haben Sie einen genaueren Blick auf ihre Wettbewerber und erkennen deren Stärken und Schwächen. Schreiben Sie die Antworten auf die Fragen nieder, in Stichpunkten. Das ist alles.

Aufgabe 2:
Beantworten Sie die folgenden Fragen schriftlich:

Umfeld-Analyse: Trends

a) *Welche technologischen Trends könnten das Kaufverhalten oder meine Zielgruppe verändern? Wie? Chance oder Risiko?*

b) *Welche gesellschaftlichen Trends könnten das Kaufverhalten oder meine Zielgrupe verändern? Wie? Chance oder Risiko?*

c) *Welche regionalen oder sonstigen Trends könnten das Kaufverhalten oder meine Zielgruppe verändern? Chance oder Risiko?*

Umfeld-Analyse: Wettbewerber

d) *Wen betrachte ich als meine wichtigsten Wettbewerber?*

e) *Welche Stärken haben diese Wettbewerber jeweils?*
   Was machen/können diese besonders gut?
   Wo besteht für mich deswegen ein Risiko?

f) *Welche Schwächen haben diese Wettbewerber*
   jeweils? Was machen/können sie nicht so gut?
   Welche Chancen bieten sich mir dadurch?

Schritt 3

Die eigene Positionierung

Positionierung. Was soll das sein? Eigentlich geht es hier darum, wie man über Sie sprechen soll. Wofür Sie stehen. Womit man Sie, wenn man Ihren Namen hört, in Verbindung bringt. Sind Sie der billige Jakob? Haben Sie eine Reputation für Zuverlässigkeit? Machen Sie nur edel und perfekt? Haut Cuisine oder Currywurst, wenn es um Essen ginge. Eben warum letztendlich Ihre Kunden zu Ihnen kommen und von Ihnen kaufen wollen. Womit Sie glänzen wollen und was Ihre Kunden an Ihnen schätzen. Die Positionierung ist Kernstück der Strategie und beeinflusst viele Entscheidungen, die später getroffen werden müssen.

Vielleicht denken Sie an dieser Stelle: hey, weil ich besser als alle andern bin. Meine Qualität ist besser, meine Lieferzeiten sind kürzer, mein Service ist besser und billiger bin ich auch noch. Sicher, vermutlich sind Sie auch noch sympathischer als alle anderen und sehen besser aus. Verzeihen Sie den Flachs an dieser Stelle: diese Rechnung kann und wird nicht aufgehen. Zum Einen: Sie bewegen sich in Spannungsfeldern sich gegenseitig beeinflussender Parameter. Kurze Lieferzeit heißt Lager. Das kostet Geld. Hohe Qualität erfordert teure Materialien und hoch qualifizierte Arbeitskräfte. Kostet also Geld. Und wenn Sie jetzt noch den Anspruch haben, der Billigste zu sein, dann wünsche ich viel Erfolg dabei. Entscheiden Sie sich für etwas Realistisches!

In der klassischen Lehre gibt es die Strategie, der Billigste zu sein („Kostenführer"), der Erste zu sein („Technologieführer") oder etwas so anders zu machen, dass es die Kunden auch so schätzen und dafür bezahlen („Differenzierungs-Strategie"). Für eine der drei Optionen sollten Sie sich entscheiden. Anders kann sein: freundlichster Service. Anders kann sein: größtes Schnitzel. Anders kann sein: maßgeschneidert, während alle anderen Standard von der Stange verkaufen. Wenn Sie sich dann entschieden haben und davon überzeugt sind, dass für dieses „anders" ein Markt existiert, seien Sie konsequent in der Umsetzung. Kostenführer heißt, niedrige Kosten, also kaufen Sie günstig ein und suchen Sie über Wachstum Kosten zu senken. Erster sein heißt vorneweg, also investieren Sie in Entwicklung, Scouting für neue Ideen, wie z.B. welche Trends es in USA gibt, und gestalten Sie Ihre Kommunikation, sodass alle von dem neuen Trend, den Sie setzen, erfahren.

Und noch etwas. Seien Sie ehrlich zu sich selbst! Passt die Positionierung zu Ihnen als Person und Ihren Werten? Können Sie diese Positionierung leben? Wenn Sie ein Modegeschäft betreiben wollen, selbst aber am liebsten in ausgewaschenen Jeans und Kapuzenpulli unterwegs sind...hm? Problematisch. Ein Veganer, der Steaks verkauft? Problematisch. Wenn Sie über Präzision punkten wollen, sollten Sie selbst Präzision lieben.

Sie werden nur richtig gut in dem was Sie tun (und das müssen Sie, um erfolgreich zu sein), wenn Sie sich auch voll und ganz damit identifizieren können. Motivation geht immer über Identifikation!

Aufgabe 3:

Beantworten Sie die folgenden Fragen schriftlich:

a) *Entschließen Sie sich für eine Kostenführer-Strategie? Ja/nein.*

b) *Entschließen Sie sich für eine Differenzierungs-Strategie? Ja/nein. Wenn ja, was machen Sie anders als Ihre Wettbewerber? Warum sollten Kunden dafür Geld bezahlen?*

c) *Entschließen Sie sich für eine Strategie „Erster" oder „Innovativster" zu sein? Ja/nein. Wenn ja, woher holen Sie Ihre Ideen?*

Schritt 4

Die Marktsegmentierung

Gemäß Wikipedia ist Marktsegmentierung „...die Aufteilung eines Gesamtmarktes in hinsichtlich ihrer Marktreaktion intern homogene und untereinander heterogene Untergruppen (Marktsegmente) sowie die Bearbeitung eines oder mehrerer dieser Marktsegmente." Das heißt, Sie versuchen den gesamten Markt, den Sie sich als Zielmarkt vornehmen, in Scheiben zu schneiden.

Wozu brauchen wir eine Marktsegmentierung? Nun, wenn Sie einen Markt bedienen, in dem alle Kunden tatsächlich gleich „ticken" und nach gleichen Kriterien entscheiden, erübrigt sich dieser Schritt. Ob das wirklich so ist? Nehmen Sie sich die Zeit und lesen Sie diesen Abschnitt und entscheiden dann, ob oder ob nicht dieser Schritt für Sie und Ihr Unternehmen relevant ist.

Bei der Marktsegmentierung versucht man, den Markt quasi so in Scheiben (Marktsegmente) zu schneiden, dass innerhalb einer Scheibe Erfolgs-faktoren für Ihr Produkt oder Dienstleistung aus Kundensicht möglichst gleich sind. Sie richtet sich nach Bedürfnissen, Verhaltensweisen oder sonstigen Merkmalen, die diese Kundegruppe jeweils gemein haben. Sie können dabei regional „schneiden", wenn z.B. Amerikaner auf andere Dinge Wert legen als Deutsche (z.B. Auto: USA schnelle Verfügbarkeit, Deutschland: individuelle Konfiguration). Nach Großstadt oder ländlichen Gebieten, wenn das für Ihre Produkte oder Dienstleistungen relevant ist. Sie können auch nach Altersgruppen unterscheiden. Oder nach Privatkunden und gewerblichen Kunden? Als Gartenbauer ist vielleicht relevant, ob der Kunde den Garten mit dem Bau des Einfamilienhauses neu anlegt (und wenig Geld hat) oder wieder anlegt, nachdem die Kinder aus dem Haus sind (und das Haus abbezahlt ist). Oder Segmentierung nach Größe der potentiellen Kunden?

Hinterfragen Sie dabei, „was" den Personen in diesem Marktsegment besonders wichtig ist und was genau der dieses „was" in der Zielgruppe wirklich bedeutet. Nehmen wir beispielsweise als „was" den Begriff „Qualität" einer Komponente im Maschinenbau. Qualität will jeder, klar. Bei einem großen Kunden, der z.B. Maschinen in Serie produziert, kann Qualität bedeuten: konsistent und immer wieder eine definierte Spezifikation einhalten. Er weiß genau, was benötigt wird und kann das auch in einer Spezifikation beschreiben. Bei einem kleinen Maschinenhersteller als potentiellen Kunden, der sich auf Sonderanfertigungen spezialisiert hat, bedeutet Qualität möglicherweise Produktlebensdauer oder stille Leistungsreserven, weil die Anforderungen bei jeder einzelnen seiner Sondermaschinen anders sind. Es handelt sich um zwei völlig unterschiedliche Interpretationen des gleichen Begriffs „Qualität". Also, hinterfragen Sie bitte die Begriffe, die sie aufs Papier bringen, was diese denn tatsächlich bedeuten. Denken Sie in konkreten Beispielen und betrachten Sie dabei das Ganze aus Kundensicht.

Suchen Sie Kriterien, die für Ihren Zielmarkt mit Ihrem Zielprodukt/-Dienstleistung mit etwas Nachdenken Sinn machen. Sie können sich dem Thema auch nähern indem Sie sich fragen, welche stark unterschiedlichen Kunden habe ich bzw. werde ich haben. Was unterscheidet sie? Was muss ich bei diesen jeweils anders machen als bei den anderen? Danach können Sie diese verschiedenen Kunden zu Gruppen mit ähnlichen Bedürfnissen zusammenfassen. Schon haben Sie quasi ein Marktsegment für sich definiert.

Mögliche Kriterien für eine Markt-Segmentierung können sein z.B.:

- *Regionen (z.B. West Europa, USA)*

- *Altersgruppen (z.B. Schüler, Berufstätige, Rentner)*

- *Einkommensgruppen (z.B. Jahreseinkommen)*

- *Anwendungsgebiete (z.B. Medizin, Pharma)*

- *Kundentyp (z.B. Privat, Gewerblich)*

Es geht darum, Unterschiede in Teilen Ihres Markts sichtbar zu machen. In unterschiedlichen Märkten bestehen unterschiedliche Bedürfnisse und Probleme und damit für Sie unterschiedliche Erfolgsfaktoren. Diese machen Sie transparent. Sie entscheiden dann, ob Sie das Gleiche oder differenzierte Leistungsangebote dem Markt anbieten.

Ein Tipp für Kleinunternehmer: falls Sie zu wenige Kunden haben und ihr Marktanteil im noch klein ist, wäre eine Idee sich weiter zu einzuschränken, zu spezialisieren, Ihr Experten-Profil zu schärfen.

Aufgabe 4:

Beantworten Sie die folgenden Fragen schriftlich:

a) *Welche Marktsegmente sehen Sie als Ihren Zielmarkt?*
Wer sind Ihre wichtigsten Kunden?
Welche Marktsegmente sind nicht Ihr Zielmarkt?

b) *Welche Erfolgsfaktoren (max. 5) sehen Sie konkret in welchem Marktsegment?*

Wie wichtig sind diese aus Kundensicht (+ weniger wichtig, + wichtig, ++ sehr wichtig)?

c)   Wie gut befriedigen Sie diese Erfolgsfaktoren im Vergleich zu Haupt-Wettbewerber 1, Hauptwettbewerber 2, Hauptwettbewerber 3?

Tragen Sie die Ergebnisse in eine Tabelle entsprechend nachfolgendem Beispiel ein.

Erfolgsfaktor	Wichtigkeit	Selbst	Wettbew. A	Wettbew. B
Produktlebensdauer	+	+++	++	+
Niedriger Produktpreis	+++	+	++	+++
Kurze Lieferzeit	++	++	+++	++
Lage des Geschäfts	+	+++	++	+
Bedienerfreundlicher online-Shop	+++	+	++	+++

Abbildung 3:
Beispiel für Erfolgsfaktoren in einem Marktsegment

In obigem Beispiel ist ersichtlich, dass Produktlebensdauer bei meinem Produkt sehr hoch ist (+++), die Wichtigkeit aus Kundensicht dafür als niedrig (+) bewertet wird. Mein Geschäft hat eine Top-Lage, was wiederum für die Kunden nicht sehr wichtig ist, da der Schwerpunkt auf online-Abwicklung in diesem Marktsegment liegt. Es gilt, die Wichtigkeit des Erfolgsfaktors mit dem eigenen Leistungsangebot möglichst gut zu treffen. Zu wenig ist nicht gut, da hier die Gefahr besteht, dass ein Wettbewerber diese Schwäche Ihrerseits nutzt. Zu viel ist nicht gut, da zu viel üblicherweise Kosten bedeutet, für die Kunden nicht bereit sind zu zahlen.

Aus Ihren eigenen Antworten sehen Sie bereits, wo Sie möglicherweise Handlungsbedarf haben. Wenn Sie Unternehmensgründer sind, sollte Ihnen jetzt transparent sein, auf welche Themen Sie besonderes Augenmerk legen sollten. Was ist für Ihre Kunden tatsächlich wichtig? Wenn Sie es nicht wissen, fragen Sie doch ein paar Kunden persönlich! Erfolgsfaktoren, die für Ihr Ziel-Marktsegment sehr wichtig sind, sollten Sie besser befriedigen als Ihre Wettbewerber. Warum? Na, weil Ihr potentieller Kunde sonst dort kauft!

Schritt 5

Der Entwurf des Geschäftsmodells

Nun geht es darum, tatsächlich und konkret zu beschreiben, wie Sie ihr Geschäft betreiben wollen. Sie modellieren es quasi auf einem Blatt Papier. Ich persönlich habe mich mit dem Begriff Geschäftsmodell lange Jahre schwer getan, weil ich mir eben nicht vorstellen konnte, wie so ein Modell aussehen soll. Viele reden davon, aber wo kann ich mir mal eins angucken? Der Begriff „Geschäftsmodell" war mir zu abstrakt. Vielleicht geht es Ihnen ähnlich.

Daher versuche ich an dieser Stelle einen vereinfachten Ansatz: stellen Sie sich vor, Sie wollen jemandem, der Ihr Geschäft nicht kennt, erklären, was sie machen. Sie starten dabei, was Sie dem Markt anbieten, welchen Nutzen Sie bieten (Leistungsversprechen), z.B. die schärfste Currywurst im Landkreis, oder maßgeschneiderte Esszimmermöbel.

Sie erklären, was Sie dafür an eigenen Kompetenzen und externen Partnern benötigen. Sie beschreiben, was Ihnen in Ihrem Unternehmen besonders wichtig ist (Werte), worauf Sie stolz sind oder stolz sein werden. Welche Prozesse und welche Fachabteilungen sie einsetzen, und was für diese eben wichtig ist, um erfolgreich zu sein. Welche Kundenstruktur: einen oder viele? Welche Produktstruktur: Baukasten oder kundenspezifische Unikate? Mit welchen Produkten oder Dienstleistungen machen Sie viel Umsatz, mit welchen viel Ergebnis? Diese beiden müssen nicht identisch sein. Denken Sie an das Modell der Druckerindustrie, wo Drucker billig verkauft werden, um mit Druckerpatronen anschließend Geld zu verdienen. Warum nicht die Drucker verschenken? Oder Einsteiger-Produkte verschenken, um später die Profi-Version zu verkaufen (siehe Anti-Viren-Software). Wie kommen Sie an Ihr Geld: Cash oder über Internet-Bezahlung? Zum Geschäftsmodell gehören all die Dinge, die ein neuer Mitarbeiter kennen und wissen sollte, um seinen eigenen Beitrag zum Unternehmensergebnis schnell einordnen zu können.

Ich finde die Geschäftsmodell-Darstellung nach Osterwalder sehr hilfreich. Es ist eine bildliche Darstellung mit Symbolen (z.B. Herz für Kundenbeziehung). Die Idee ist dabei, wie auf einem „Canvas", einer Leinwand quasi, das Unternehmen zu malen und damit vorstellbar zu machen. Sie finden Abbildungen im Internet (suchen Sie nach

„Geschäftsmodell Osterwalder" oder bei www.businessmodelgeneration.com). Wenn Sie das Thema Geschäftsmodelle interessiert, empfehle ich das Buch von Alexander Osterwalder im Literaturhinweis dieses Buches.

Wir werden eine vereinfachte Darstellung des Modells nach Osterwalder (mit den annähernd gleichen Inhalten, siehe Abbildung 4) im weiteren Verlauf unseres Strategieprozesses verwenden.

Nun gilt es für Sie, dieses Modell zu füllen. Werden Sie dabei so konkret wie nötig, damit die Inhalte auch als Entscheidungshilfe im täglichen Betrieb genutzt werden können.

Die Dokumentation des Geschäftsmodells ist möglicherweise der schwierigste Teil einer Strategieentwicklung. „Muss ich das denn überhaupt machen?" werden Sie sich fragen. Nun, es existieren tausende von Unternehmen, die ihr Geschäftsmodell nicht in dieser Form beschrieben haben. Sie leben dennoch ihr Geschäftsmodell. Als Organisationwissen oder in den Köpfen einiger weniger Menschen.

Wissen, das in den Köpfen von Menschen ist, ist zunächst mal nicht für andere zugänglich, und genau das ist die Herausforderung. Insbesondere wenn Sie Menschen führen wollen, die selbst Ent

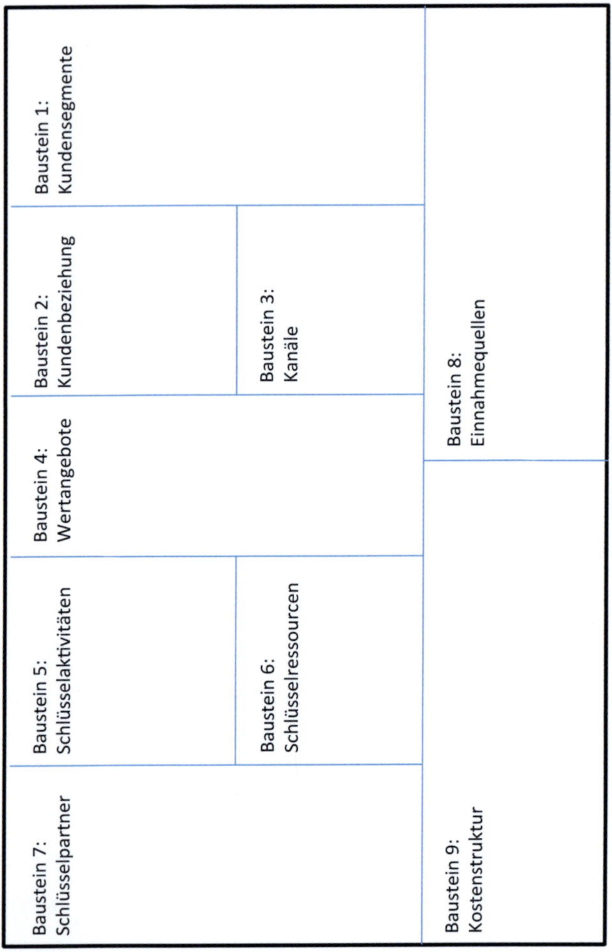

Baustein 1: Kundensegmente				
Baustein 2: Kundenbeziehung	Baustein 4: Wertangebote		Baustein 8: Einnahmequellen	
Baustein 3: Kanäle				
Baustein 5: Schlüsselaktivitäten				
Baustein 7: Schlüsselpartner	Baustein 6: Schlüsselressourcen	Baustein 9: Kostenstruktur		

Abbildung 4:

Geschäftsmodell-Formblatt angelehnt an Osterwalder

scheidungen treffen sollen (damit nicht alles an Ihnen als Unternehmer hängt), ist es hilfreich, den Handlungsrahmen kommunizierbar, sichtbar zu machen. Wenn Mitarbeiter das Gesamtbild kennen, ist es für sie leichter, ihr eigenes Wirken zu bewerten und gute Entscheidungen zu treffen.

Also trauen Sie sich. Ich werde Sie Schritt für Schritt begleiten. Sie werden insgesamt 9 Bausteine dazu gestalten. Viele Fragen auf dem Weg dahin haben Sie bereits beantwortet. Am besten nehmen Sie für jeden Baustein symbolisch ein weißes Blatt Papier. Oben auf schreiben Sie die Nummer und den Titel des Bausteins. Lesen Sie sich den Text für jeden Baustein erst einmal komplett durch. Dann wagen Sie sich an die Aufgabe. Und schon geht's los. Machen Sie sich keine Gedanken, wenn die Blätter nicht vollgeschrieben werden und möglicherweise nur ein paar Begriffe beinhalten. Das ist durchaus so gewollt. Streichen Sie, ergänzen Sie, falls Sie neue Gedanken haben. Kein Problem. Diese neun Blätter Papier sind Ihre Arbeitsblätter. Am Ende bringen Sie dann die Inhalte aller neun Blätter konzentriert auf ein einziges Übersichtsblatt: Ihr Geschäftsmodell.

Baustein 1: Kundensegmente

> **Leitfragen:**
> *Welche Marktsegmente sehen Sie als Ihren Zielmarkt?*
> *Welche sind Ihre wichtigsten Ziel-Kunden?*
> *Welche Marktsegmente sind nicht Ihr Zielmarkt?*

Diese Fragen kommen Ihnen bekannt vor? Na klar, Sie haben diese bereits beantwortet. Und zwar in Schritt 4 Marktsegmentierung. Konkret in Aufgabe 4 a.

Aufgabe 5.1:

Übertragen Sie Ihre Antworten aus Aufgabe 4 a) auf das Blatt „Baustein 1: Kundensegmente".

Fertig! Sie haben die zentralen Fragen zum Thema Kundensegmente bereits beantwortet. Falls Ihnen noch zusätzlich etwas einfällt was Ihnen wichtig erscheint, ergänzen Sie es. Ansonsten gehen wir zum nächsten Baustein.

Baustein 2: Kundenbeziehung

Machen Sie sich nun Gedanken über die Beziehung zu den jeweiligen Kundensegmenten, die Sie im Baustein 1 festgehalten haben.

> **Leitfragen:**
> *Welche Arten von Beziehungen suchen oder erwarten diese Kunden: Persönliche Beziehung & Beratung?*
> *Beratung via Telefon oder Videokonferenz?*
> *Anonym über das Internet?*

Aufgabe 5.2:

Schreiben Sie die Antworten auf diese Leitfragen auf das Blatt „Baustein 2: Kundenbeziehung" und kennzeichnen Sie, welche Beziehungen davon Sie aktiv (und wie) bearbeiten wollen und welche nicht.

Entscheiden Sie, was Sie zum Thema Kundenbeziehungen machen wollen und was nicht. Denken Sie bei der Aufgabe auch an Ihre eigenen Möglichkeiten und Ressourcen! Möglicherweise wollen oder können Sie am Anfang nicht alles gleichzeitig machen. Schränken Sie sich dann ein oder arbeiten Sie in Stufen. Entscheiden Sie auf der Basis, welche Beziehungen am wirksamsten und wichtigsten sind. Fertig.

Baustein 3: Kanäle

Nun geht es darum, auf welchen Kanälen Sie Ihre Informationen, Produkte oder Dienstleistung zu den Kunden in den jeweiligen Marktsegmenten bekommen. Denken Sie dabei an den gesamten Ablauf von erster Aufmerksamkeit bis zur Lieferung und Aftersales.

Erreichen Sie Ihre Kunden über den Online-Shop oder einen eigenen Laden, in den sie eintreten und kaufen können? Unser Metzger hat z.B. zusätzlich zu seinem Laden einen Verkaufsautomaten aufgestellt. Etwas ungewöhnlich, aber im insbesondere im Sommer nach Ladenschluss ist genau dieser Automat ein beliebtes Ziel für Grill-Willige. Gibt es Kunden, die Sie über den Großhandel, andere über Direktverkauf erreichen wollen? Denken Sie bitte auch daran, ob und wie es zwischen den Kanälen Konflikte geben könnte und wie sie diese verhindern oder mindern wollen. Schreiben Sie auf, welche Kanäle Sie nicht bedienen und warum (z.B. Imagegründe, knappe finanzielle Mittel). Denken Sie daran, dass Sie nicht alles gleichzeitig können und machen müssen.

Was Sie sich vornehmen, soll realisierbar sein. Wenn Sie nicht die Zeit oder das Geld haben 3 Kanäle gleichzeitig auszubauen, überlegen Sie, wie Sie schrittweise vorgehen können und wie hier die erfolgsversprechende Variante aussehen könnte.

> **Leitfragen:**
> *Auf welchen Wegen möchten unsere Kunden angesprochen werden?*
> *Wie erreichen wir die Kunden heute/ in Zukunft?*
> *Für welche Kanäle entscheide ich mich?*

Aufgabe 5.3:

Schreiben Sie die Antworten auf diese Leitfragen auf das Blatt „Baustein 3: Kanäle" und kennzeichnen Sie, welche Kanäle Sie aktiv nutzen wollen und welche (noch) nicht.

Baustein 4: Wertangebote

Was wollen Sie der Welt anbieten, was ist Ihr „Wertangebot"? Gehen Sie zurück zu „Schritt 1: Das Zielfoto oder Leitbild" und holen Sie sich Ihre Antworten von Aufgabe 1 nochmals zur Hand. Denken

Sie nochmals kurz darüber nach, ob diese Antworten nach wie vor tatsächlich das treffen, was Sie dem Markt anbieten wollen und ergänzen Sie, falls nötig.

Denken Sie dabei an die Kunden und welchen Wert sie diesen anbieten. Wert, nicht nur im Sinne eines Produkts und einer Dienstleistung, sondern Wert im Sinne von Nutzen für den Kunden, der sich daran misst, welches Bedürfnis befriedigt oder welches Problem damit gelöst wird. Verbauen Sie als Schreiner hochwertige oder massive Hölzer an Stellen, die der Kunde nie im Leben sehen wird und somit den Wert nicht wahrnehmen kann? Verkaufen Sie z.B. Tage an Schulungen (Zeit, Tagessatz) oder „verkaufen" Sie Expertenwissen, wodurch Ihr Kunde Geld spart? Versuchen Sie den Wert Ihres Angebots aus der Sicht Ihres Kunden zu verstehen.

Durch diesen erweiterten Denkansatz öffnet sich der Blickwinkel und Sie bekommen möglicherweise neue Ideen bezüglich Preisfestlegung und möglicher Produkte oder Dienstleistungen. Der vermeintliche Erfinder der Dampfmaschine, James Watt, hat beispielsweise seine Dampfmaschinen nicht an Bergwerke verkauft, sondern sie quasi vermietet für 1/3 der Energiekosten, welche die Bergwerke durch die Nutzung seiner Dampfmaschinen einsparen konnten.

> **Leitfragen:**
> Was konkret will ich anbieten? Wem? Wem nicht?
> Warum sollte mir jemand Geld geben wollen für das, was ich anbiete?
> Welchen Nutzen biete ich wem?
> Welche Kundenprobleme löse ich und welche guten Gefühle erzeuge ich?

Aufgabe 5.4:

Übertragen Sie die Antworten aus Aufgabe 1 a) und b) auf das Blatt „Baustein 4: Wertangebote", reflektieren Sie diese an den Leitfragen und ergänzen Sie die Antworten gegebenenfalls!

Baustein 5: Schlüsselaktivitäten

Jetzt notieren Sie sich die Aktivitäten, die Sie tätigen werden, um Ihrem Geschäftsmodell zum Erfolg zu verhelfen. Werden Sie selbst konstruieren oder entwickeln? BWM hat beispielsweise bei dem berühmten Kabinenroller „Isetta" auf die Lizenz eines anderen Herstellers zurückgegriffen. Werden Sie selbst produzieren oder nur handeln? Machen Sie eigene Werbung? Haben Sie Ihre eigene IT? Vertrieb?

Reflektieren Sie an dieser Stelle Ihre Positionierung. Welche Aktivitäten sind besonders wichtig um Ihre Positionierung tatsächlich glaubwürdig und konsequent leben zu können? Wenn ich billig mache, möchte ich dann alles selbst produzieren? Oder gibt es Unterlieferanten in diesem Segment, die durch ihre Größe bereits wettbewerbsfähiger sind als Sie es jemals werden können? Ist für mich eine gute funktionsübergreifende Zusammenarbeit zwischen den Fachabteilungen erfolgskritisch, werde ich diese Funktionen wohl auch selbst ausführen wollen. Wenn nicht, haben Sie dafür sicherlich gute Gründe. Brauche ich einen eigenen Fuhrpark? Schaffen Sie sich ein klares Bild, was Sie nicht selbst machen werden, können oder wollen. Möglicherweise werden Sie dazu dann Partner benötigen. Dazu kommen wir etwas später. Ist für Sie Vereinsarbeit wichtig, um in Netzwerke zu kommen? Oder Golf zu spielen, um als Unternehmensberater solvente potentielle Klienten kennenzulernen?

Durch die weltweite Vernetzung ergeben sich sehr viele Möglichkeiten, Wissen und Aktivitäten bei Bedarf einzukaufen. Irgendwo auf der Welt. Märkte sind mittlerweile sehr transparent. Stellen Sie sich vor, Sie betreiben eine T-Shirt Druckerei und haben kein eigenes Design- oder Produktmanagementstudio. Nicht möglich? Warum nicht die Entwürfe von unabhängigen Designern machen lassen, die diese dann auf eine Online-Plattform stellen. Die potentiellen Kunden (Ihre Einzelhändler oder Großhändler) bewerten diese dann, und der Entwurf mit den meisten „likes" geht in Produktion.

Und um Ihr Programm nicht allzu aufzublähen, nehmen Sie für jedes neue Produkt das T-Shirt mit den schlechtesten Verkaufszahlen aus dem Angebot. Durch die Vernetzung ergeben sich viele neue Möglichkeiten für neue Geschäftsmodelle. Überlegen Sie gut, was Sie tatsächlich selbst machen wollen.

Leitfragen:

Welche Schlüsselaktivitäten (eigene und die von Schlüsselpartnern) erfordern meine Wertangebote? Was muss getan werden, damit ich dem Markt anbieten kann, was ich anbieten will?

Aufgabe 5.5:

Schreiben Sie die Antworten auf die Leitfragen auf das Blatt „Baustein 5: Schlüsselaktivitäten" und kennzeichnen Sie, welche Sie innerhalb Ihrer Firma durchführen werden.

Baustein 6: Schlüsselressourcen

Schlüsselressourcen sind die Dinge, die Sie unbedingt brauchen um erfolgreich zu sein und können vielfältiger Natur sein.

Angefangen von den finanziellen Möglichkeiten (Geld, Kreditlinie), über Zugang zu Rohstoffen oder Netzwerken, bis hin zu Menschen mit bestimmten Fähigkeiten und Wissen. Qualifizierte Handwerker. IT-Spezialisten. Kreativität von Entwicklern und Designern. Wenn ich Premium mache: ist meine Marke stark genug? Sind Sprachkenntnisse erforderlich/ vorhanden?

Neue Unternehmen starten häufig auch auf der Basis von neuem Wissen, entwickelt im Rahmen von Forschungsprogrammen. Gibt es das kritische Wissen noch woanders? Auch Führungskompetenz oder interkulturelle Kenntnisse können außerordentlich relevant werden, wenn Organisationen wachsen oder international werden. Dann müssen auch Menschen stark unterschiedlicher Kulturen oder Prägungen miteinander effizient arbeiten.

> **Leitfragen:**
> *Welche Schlüsselressourcen brauche ich, um meine Schlüsselaktivitäten durchzuführen und meine Wertangebote anbieten zu können?*

Schreiben Sie die Antworten auf diese Leitfrage auf das Blatt „Baustein 6: Schlüsselressourcen" und kennzeichnen Sie, welche Sie innerhalb Ihrer Firma ansiedeln.

Baustein 7: Schlüsselpartnerschaften

All das was Sie an Ressourcen brauchen (Baustein 6), allerdings (noch) nicht selbst aus Schlüsselaktivitäten bereitstellen können, gilt es, von zuverlässigen Partnern zu beziehen. Partnerschaften wollen gepflegt werden, wenn Vertrauen und Zuverlässigkeit kultiviert werden soll.

Überlegen Sie, wen Sie als Schlüsselpartner benötigen. Möglicherweise einen pfiffigen IT-Dienstleister, wenn Ihr Web-Shop Dreh- und Angelpunkt ihres Geschäfts ist. Ein Reinigungs-Dienstleister. Eine Marketingagentur, die versteht, was Ihnen wichtig ist, sofern sie Werbung als Erfolgsbaustein sehen. Rohstofflieferanten, etc.

Mir fällt da die Geschichte des deutschen Bratwurst-Grillers „Hermann 'ze German" in London ein, der seine Bratwürste ursprünglich von seinem Heimat-Metzger im Schwarzwald orderte. Ohne exzellentes Rohmaterial entsteht keine exzellente gegrillte deutsche Bratwurst.

Flexible Getränke-Lieferanten, die Ihnen helfen, Ihre Bestände und damit Kosten für Läger niedrig zu halten. Lieferanten mit Expertenwissen, das Sie alleine nicht vorhalten könnten, weil Sie keine zwei Experten auslasten können (und Ihnen ein Experte allein zu risikoreich erscheint). Hierzu gehört auch ein Geldinstitut, das Ihnen bei der nötigen finanziellen Flexibilität hilft. Wenn Sie diesem Geldinstitut zeigen können, was Sie machen, wie Sie es machen, warum Sie es so machen und nicht anders, wird dieses Haus Ihnen auch höchstwahrscheinlich mehr Vertrauen entgegenbringen und Ihnen Geld zur Verfügung stellen, als wenn Sie dort nur windige Geschichten erzählen. Ähnliches gilt für Finanzierungshilfen über Business Angels oder Crowd-Funding.

Eine schlüssige, erfolgsversprechende Geschichte ist sicherlich ein wertvolles Resultat einer eigenen Strategie und eines Geschäftsmodells auf Papier. Und im Rahmen dessen machen Sie sich auch Gedanken darüber, wen Sie als Partner brauchen, um mit Ihrer Geschäftsidee erfolgreich sein zu können.

Aufgabe 5.7:

Schreiben Sie die Antworten auf diese Leitfrage auf das Blatt „Baustein 7: Schlüsselpartnerschaften".

Baustein 8: Einnahmequellen

Wofür sind Ihre Kunden bereit zu zahlen und wie wollen sie bezahlen? Wenn Firmen finanzielle Probleme haben, gibt es häufig eine einfache Ursache: sie machen zu viele Dinge, für die die Kunden sie nicht bezahlen, oder sie machen die Dinge, für welche Kunden bezahlen, mit zu hohen Kosten.

Verstehen Sie in Ihrem Geschäft welche Leistungen Sie anbieten wollen und für welche Leistungen Kunden bereit sind zu bezahlen? Das wofür sie bereit sind zu bezahlen hängt häufig an der jeweiligen zeitlichen Situation und am Wettbewerb. Sind Sie heute bereit beim Friseur für die angebotene Tasse Kaffee zu bezahlen? „Nein", sagen Sie möglicherweise, das gehört zum Service. Sind Sie bereit im Schuhgeschäft für Beratung zu bezahlen? Noch nicht, aber vielleicht bald: wenn sich unzählige Kunden im Laden beraten lassen, und danach im kostengünstigeren Online-Shop einkaufen, werden Händler reagierten und dann kann auch Beratung bezahlt werden. Ähnliches kann uns auch bei Banken bevorstehen.

Wenn vor Jahren im Maschinenbau Software benötig wurde, entwickelte und lieferte diese der Maschinenhersteller häufig kostenlos mit. Als Teil des Service-Pakets. Heute wird dafür bezahlt, Software ist ein mittlerweile ein eigenständiges Produkt. Vor Jahren undenkbar, heute Realität, ja Normalität.

Denken Sie auch nach, welche Zahlungsmethoden Sie zulassen. Ein Restaurant an einer Touristen-Attraktion tut sich einen Bären-Dienst, wenn es keine Kreditkartenzahlung akzeptiert, was möglicherweise in der nur lokal besuchten Dorfwirtschaft kein Problem wäre. Will ich Ersatzteile übers Internet verkaufen an Neukunden, hilft die Möglichkeit der Kreditkarten-zahlung ebenfalls oder ist vielleicht sogar Bedingung dafür, dass die Kunden bei mir kaufen.

Wofür bekommen Sie Geld? Wofür sind Kunden bereit zu bezahlen. Auch Lizenzen, Vermietungen oder Vermittlungsgebühren können Einnahmequellen darstellen. Formen Sie Ihr Bild, was Sie in Ihrem Geschäftsmodell bereit sind, mit Bezahlung zu anzubieten, und was auch ohne. Anfahrt oder Lieferung ohne Extrapreis? Kostenlose Probeabos oder Probenutzung?

Wie sieht Ihre derzeitige Umsatzverteilung nach Kunden oder Marktsegmenten aus? Halten Sie diese für ausgewogen oder risikobehaftet? Im nächsten Baustein werde ich Sie noch bitten, diese mit den Kosten zu vergleichen. Wissen Sie, bei welchen Kunden Sie Geld verdienen und bei welchen Sie draufzahlen? Aber dazu später.

Leitfragen:
Für welchen Nutzen sind meine Kunden wirklich bereit zu zahlen?
Wofür bekomme ich Geld? Heute/in Zukunft?
Welche Zahlungsmittel werden genutzt? Heute/ in Zukunft?
Welchen Anteil trägt jeder Einkommensstrom zum Gesamteinkommen bei?

Schreiben Sie auch auf, was Sie nicht machen wollen und werden im Zahlungsverkehr oder in Bezug auf Einnahmequellen. Einbaumöbel ohne Anzahlung oder Vorkasse zum Beispiel. Oder Devisen als Zahlungsmittel. Wollen Sie verleasen? Wollen Sie über Inkasso-Büros abrechnen, wie dies mittlerweile viele Zahnarztpraxen bei privaten Zusatzleistungen machen?

Aufgabe 5.8:

Schreiben Sie die Antworten auf diese Leitfragen auf das Blatt „Baustein 8: Einnahmequellen".

Baustein 9: Kostenstruktur

Genauso entscheidend für den Erfolg sind neben den Einnahmen für ein Unternehmen auch seine Kosten. Es klingt banal, aber dennoch der Hinweis: nur wenn die Kosten unter den Umsätzen liegen, können Sie Gewinn erwirtschaften. Obwohl diese einfache Aussage offensichtlich und scheinbar banal klingt, scheint sie in der Praxis von Unternehmern immer wieder ignoriert zu werden. Deshalb legen Sie bitte Augenmerk auf beide. Erfolgreiche Unternehmer wissen das. Nicht erfolgreiche lernen das auf schmerzhafte Weise.

Überlegen Sie sich grundsätzlich, wie robust Ihr Geschäftsmodell gegenüber Umsatzschwankungen sein soll. Je mehr Kosten als variable Kosten anfallen, desto schneller können Sie bei Umsatzeinbrüchen auch Kosten reduzieren. Fixe Kosten, wie beispielsweise Kosten für Gebäude und Maschinen, fallen auch an, wenn Sie keinen Umsatz machen. Bestellungen bei Unterlieferanten und Dienstleistern können Sie dagegen möglicherweise, je nach Vertragsgestaltung, kurzfristig stornieren oder zumindest reduzieren.

Obwohl es eigentlich nicht direkt zum Baustein 9 gehört, möchte ich doch an dieser Stelle einen Hinweis zum Thema Erfolgsrechnung bringen. Eine Strategie soll eine Hilfestellung für Entscheidungen im Tagesgeschäft darstellen und somit dafür, wofür Ressourcen eingesetzt werden. Dazu ist es wichtig zu wissen, mit welchen Kunden, Märkten, oder Produkten man wie viel verdient. Es ist sicherlich häufig schwierig, Kosten sauber abzugrenzen. Wo nicht möglich, machen Sie daher am besten eine Schätzung. Eine Schätzung ist besser als komplett die Augen zu verschließen. Vielleicht schätzen Sie auch mal ab, für welche Manchmal hilft es bereits abzuschätzen, für welche Kundengruppe wie viel Arbeitszeit eingesetzt wird. Passt das zum Umsatz der jeweiligen Gruppe?

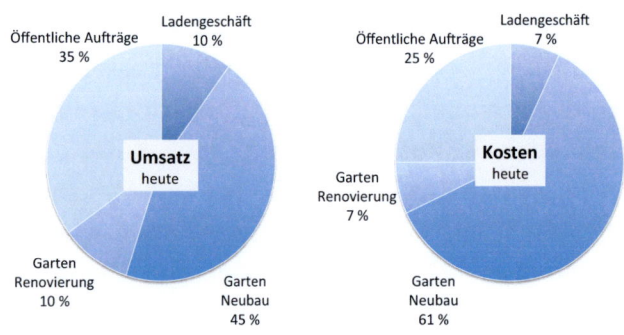

Abbildung 5:
Beispiel einer einfachen Umsatz- und Kostenanalyse

Sie können die Analyse entsprechend *Abbildung 5* mit Kosten oder Ergebnis machen, falls Ihnen die

Daten vorliegen. Im vorliegenden geschätzten Beispiel eines Gartenbaubetriebes ist offensichtlich, dass im Bereich Neubau 45% des Gesamtumsatzes mit einem Anteil von 61 % der Kosten anfallen. Der Gesamt-Umsatz ist also stark abhängig von Gartengestaltung bei Neubauten, sowie öffentlichen Aufträgen. Beide sind offensichtlich margenschwach (höherer Kostenanteil als Umsatzanteil) und sind typischerweise starken konjunkturellen Schwankungen unterworfen, was durchaus ein Risiko darstellen kann, über das man sich bewusst sein sollte.

In der Festlegung der Zielsetzung (folgt erst in Schritt 7) werden Sie sich bewusst entscheiden, wie diese Verteilung von Umsatz und Kosten zukünftig aussehen könnte. Wären Sie der Gartenbauer, was würden Sie unternehmen? Die gleiche Analyse können Sie nach anderen für Sie relevanten Dimensionen machen, also auch nach Regionen, Produkten, etc.

Wir werden etwas später über Risiken sprechen. Und dazu gehören eben auch Risiken aufgrund einseitiger Umsatz- oder Ergebnisstruktur. Falls Sie nur wenige profitable Kunden bedienen, mit denen Sie den Hauptteil Ihrer Marge (Umsatz minus Kosten) machen, andererseits aber begrenzte Arbeitszeit haben, wo setzten Sie diese ein? Klar, bei den Kunden, bei denen Marge zu holen ist. Wirklich? Achtung! Am Anfang einer Krise steht häufig eine strategische Krise. Wie hoch ist das Risiko alles auf wenige Karten zu setzten? Was passiert, wenn einer oder zwei dieser wenigen hochprofitablen Kunden abspringen?

Viele Hersteller und Maschinenbauer sind ein bisschen in so eine „Zwickmühle" geraten durch das äußerst lukrative Geschäft in China, das jahrelang boomte. Durch die hohe Reputation und Qualität europäischer Marken wurden lange Premium-Preise in China bezahlt und somit hohe Margen eingefahren. Was passiert, wenn China schwächelt oder gar kollabiert und Preise erodieren? Nun, strategische Krise würde ich das nennen. Die Baumaschinen-Industrie konnte in den letzten Jahren ein Lied davon singen. Wohl dem, der als Unternehmen rechtzeitig ein zweites oder drittes profitables Standbein entwickelt hat.

Machen Sie sich bewusst, was Ihnen als Unternehmer wichtiger ist: kurzfristig hohen Gewinn zu machen und dabei hohe Risiken einzugehen, oder bewusst auf kurzfristigen Gewinn zu verzichten und dafür das Geschäft auf eine breitere Basis zu stellen und robuster zu gestalten. Im konkreten Fall heißt das, zusätzliche profitable Kunden finden, oder weitere Kunden profitabel machen, beispielsweise durch Kostensenkung über kostengünstigeren Einkauf oder cleverere Arbeitsmethoden, aber auch über neue Wertangebote. Ich plädiere an dieser

Stelle weder für das eine, noch das andere. Mir ist es wichtig, dass Sie sich darüber im Klaren sind und eine bewusste Entscheidung für Ihr Geschäft treffen.

> **Leitfragen:**
> *Was sind die wichtigsten Kosten, die in meinem Geschäftsmodell innewohnend sind?*
> *Welche davon kann ich kurzfristig beeinflussen (variable Kosten), welche nicht (fixe Kosten)?*
> *Welche Schlüsselressourcen sind die teuersten?*
> *Welche Schlüsselaktivitäten sind die teuersten?*

Aufgabe 5.9:

Schreiben Sie die Antworten auf diese Leitfragen auf das Blatt „Baustein 9: Kostenstruktur".

An dieser Stelle ein dickes Kompliment an Sie und Ihr Durchhaltevermögen. Wenn Sie hier angekommen sind, dann haben Sie den schwierigsten Teil Ihrer Strategiearbeit geschafft. Sie haben Ihr ganzes Unternehmen Schritt für Schritt einmal durchgedacht.

Jetzt werden die „Baustein"-Blätter nur noch zusammengefasst ein Übersichts-Schaubild erstellt, um die Lesbarkeit zu verbessern. Skizzieren Sie sich dafür ein Formblatt analog *Abbildung 4* oder laden Sie sich eines aus dem Internet. Machen Sie das Format für Ihre Inhalte passend. Machen Sie das Ganze so konkret, dass Sie diese Übersicht als strategische Entscheidungshilfe nutzen können und ein neuer Partner oder Mitarbeiter dadurch Ihr Geschäft besser verstehen würde. Nicht zu viele Details, bitte.

Aufgabe 5.10:

Übertragen Sie die 9 Bausteine-Blätter in ein Übersichts-Schaubild analog *Abb. 4* (Seite 52). Kürzen Sie dabei auf das für Sie Wesentliche.

Das Dokument, das Sie in der letzten Aufgabe erstellt haben, nennen wir fortan Ihr „Geschäftsmodell" und es wird Sie an das erinnern, was Sie gedacht und für sich entschieden haben. Es ist die Zusammenführung von Antworten auf wichtige Fragen rund um Ihr Geschäft. In den nächsten Schritten werden wir dieses Geschäftsmodell auf Chancen und Risiken abklopfen und dann Maßnahmen ableiten. Wie schon vorher gesagt, das Ziel einer Strategie ist, ins Handeln zu kommen.

Schritt 6

Der Abgleich von Zielen, Umfeld und Geschäftsmodell

Sie haben mittlerweile ein klares Bild, was Sie mit Ihrem Unternehmen erreichen wollen in ... sagen wir ... zwei, drei oder fünf Jahren. Ihr Zielfoto steht (Schritt 1). Sie haben das Umfeld (Trends, Wettbewerber; Schritt 2) näher durchleuchtet. Sie haben Klarheit über Ihre eigene Positionierung (Schritt 3) und die Marktsegmente, in denen Sie tätig sein wollen (Schritt 4). Das, was Sie tun wollen (und auch was Sie nicht tun wollen), und wie Sie es tun wollen, wenn Sie es tun wollen, haben Sie in Ihrem Geschäftsmodell (Schritt 5) beschrieben. „Was mache ich jetzt damit?" werden Sie sich vielleicht fragen. Nun, weitermachen in Ihrem kleinen Strategieprozess, bis sich alle Teile zusammenfügen.

Im Schritt 6 werden wir nun zunächst aus den bisher gewonnenen Erkenntnissen Chancen und Risiken ableiten, mit Ihrem Geschäftsmodell abgleichen und überprüfen, ob die Unternehmenszielsetzung passt. Anschließend werden Sie dann Maßnahmen für einzelne Bereiche ableiten. Und genau da wollen wir ja hin, nämlich entscheiden, was zu tun ist. Strategie hat keinen Selbstzweck, Strategie ist dazu da ins Handeln zu kommen und den Weg dafür aufzuzeigen. Was muss ich denn tatsächlich aufgreifen? Was muss ich tun, um meinem Ziel näher zu kommen? Und genau darum geht es in diesem nächsten Schritt. Sie werden sich Schritt für Schritt vorwagen und dabei so konkret und pragmatisch sein, wie es für Sie und Ihr Unternehmen passt. So kommen Sie Ihrem Kompass für tägliche Entscheidungen schnell ein Stück näher.

Bevor wir uns jedoch vorwagen, sollten Sie nochmal zurückblättern in Ihren Notizen zum Anfang, zu Schritt 1 („Das Zielfoto oder Leitbild"). In diesem Schritt haben Sie dokumentiert, wo Sie denn hinwollen mit Ihrem Unternehmen. Mittlerweile haben Sie sehr viel nachgedacht und Klarheit gewonnen über das „was", und das „wie" und über weiß Gott viele Dinge. Kurz und gut, Sie haben Ihr Unternehmen einmal komplett durchgedacht. Möglicherweise haben Sie bei diesem Prozess des Durchdenkens auch den einen oder anderen Gedanken darum kreisen lassen, ob das Zielfoto Sie noch „trägt" oder ob dieses Zielfoto nicht besser korrigiert werden sollte. Lesen Sie daher das, was auf dem Zielfoto-Blatt (Schritt 1, Aufgabe 1) steht, langsam durch. Versuchen Sie sich, das „Zielfoto oder Leitbild" vorzustellen. Hat es sich geändert?

Halten Sie es für realistisch und attraktiv? Ändern Sie auf Ihrem Blatt, was zu ändern ist. Sie sollten davon überzeugt sein, dass das Bild realistisch, also machbar ist und für Sie anziehend, attraktiv ist.

Bitte nehmen Sie sich danach auch Ihre Antworten für Schritt 2 („Die Umfeld-Analyse") und Schritt 3 („Die eigene Positionierung") zur Hand und lesen Sie diese langsam durch. Sind die Inhalte für Sie noch passend? Passen Sie Ihre Notizen an, streichen Sie, ergänzen Sie. Die Parameter verändern sich ständig, daher gibt es kein „richtig" oder „falsch". Es gibt für Sie höchstens „aktuell" oder „nicht mehr aktuell".

Aufgabe 6:

a) *Lesen Sie Ihr Blatt „Schritt 1: Das Zielfoto oder Leitbild" (Aufgabe 1) durch und machen Sie Korrekturen, wo Sie es für angemessen halten. Streichen Sie. Ergänzen Sie.*

b) *Lesen Sie Ihr Blatt „Schritt 2: Die Umfeld-Analyse" (Aufgabe 2) durch und machen Sie Korrekturen, wo Sie es für angemessen halten. Streichen Sie. Ergänzen Sie.*

c) *Lesen Sie Ihr Blatt „Schritt 3: Die eigene Positionierung" (Aufgabe 3) durch und machen Sie Korrekturen, wo Sie es für angemessen halten. Streichen Sie. Ergänzen Sie.*

Möglicherweise haben Sie nun den einen oder anderen Punkt geändert oder ergänzt. Kein Problem. Falls nicht, auch kein Problem.

Nun werden wir systematisch versuchen, Chancen und Risiken etwas näher zu betrachten. Dazu machen wir eine sogenannte „SWOT" Analyse. SWOT steht für „**S**trengths **W**eaknesses **O**pportunities **T**hreats", also Stärken, Schwächen, Chancen und Bedrohungen. Wir gehen dabei in zwei Stufen vor. In der ersten Stufe ermitteln wir die jeweiligen Stärken, Schwächen, Chancen und Bedrohungen, und in Stufe zwei werden darauf aufbauend geeignete Maßnahmen entwickelt. Am Ende dieses Schrittes werden Sie bereits ein erstes Bild der strategischen Maßnahmen in Händen halten, die Sie angehen sollten. Also, fast am Ziel. Auf geht's zur ersten Stufe.

Schritt 6/1:
Unsere Stärken und Schwächen

Nehmen Sie sich das Blatt „Schritt 3: Die eigene Positionierung" und Ihr Geschäftsmodell zur Hand. Legen Sie die beiden vor sich auf den Tisch oder pinnen Sie diese an die Wand. Ich persönlich bearbeite viele Themen lieber im stehen. Da bin ich irgendwie kreativer. Probieren Sie einfach aus, was

Ihnen am besten liegt und was bei Ihnen am besten funktioniert. Mit Ihrer Positionierung und Ihrem Geschäftsmodell vor Augen überlegen Sie nun, wo Sie in dieser Verbindung richtig gut sein werden mit dem was Sie können, bereits haben oder im Begriff sind zu schaffen.

Was sind herausragende Stärken von Ihnen und Ihrem Unternehmen, die tatsächlich einen positiven Unterschied ausmachen können? Das können besondere eigene Fähigkeiten sein, Wissen, oder aber ein gutes Netzwerk. Das kann auch eine besondere Kombination von Ressourcen in Ihrem Geschäftsmodell sein, die Sie von Ihren Wettbewerbern abhebt. Das Geschäftsmodell selbst kann einzigartig gut sein. Ein „guter Ruf", der Ihnen vorauseilt und zu Ihrer Positionierung passt, also Ihre Marke. Günstigere Lieferanten. Eine spezielle Wertschöpfungstiefe (Sägewerk plus Schreinerei?). Außerordentlich qualifizierte Mitarbeiter, da Sie viel an Ausbildungsarbeit leisten. Wenn Sie als Steuerberater viele Mitarbeiter haben, die gut in der Beratung und im Umgang mit Kunden sind, kann dies eine Stärke sein. Finanzkraft, wenn Sie über Vermögen oder einen solventen Bürgen verfügen. Einen Experten in einem Fachgebiet, den sonst niemand hat. Wenn Sie einen Mitarbeiter haben, der Weltmeister im Socken Stricken ist, wird Ihnen das nicht helfen, falls Sie eine Autowerkstatt betreiben. Wenn Sie einen Wolle-Laden eröffnen, können Sie mit diesem Mitarbeiter vielleicht einen Wettbewerbsvorteil erarbeiten, wenn Sie es geschickt anstellen.

Bitte achten Sie darauf, dass diese Stärke auch tatsächlich für Ihr Geschäft relevant ist und in Bezug zu Ihrer Positionierung und dem Geschäftsmodell steht. Die Verbindung muss plausibel für einen nicht-Fachmann sein und wirklich besonders sein im Markt. Seien Sie dabei auch ehrlich zu sich selbst und beschönigen Sie nicht. Bringen Sie zu Papier, was Sie als Ihre Stärken sehen.

Danach geht's weiter zu den Schwächen. Dies ist ein Teil, über den wir nicht so gerne nachdenken und schon gar nicht sprechen. Wenn Sie rüde im Umgang mit Menschen sind, müssen Sie sich darüber im Klaren sein. Wenn Sie liebenswert chaotisch sind, müssen Sie sich darüber im Klaren sein. Wenn Sie Angst haben vor Entscheidungen oder Zurückweisungen, müssen Sie sich darüber im Klaren sein. Wenn Sie sich einem Terrain tummeln, in dem Sie weder über eine Ausbildung noch Expertise verfügen, müssen Sie sich darüber im Klaren sein. Nur wenn wir ehrlich mit uns selbst sind und auch von anderen Feedback, Rückmeldung über unsere Außenwirkung bekommen, können wir unsere Stärken bewusst einsetzten und versuchen, die Schwächen zu reduzieren. Genau das wollen wir nicht nur für uns persönlich, sondern für unser Unternehmen zu erreichen. Die Stärken bewusst einsetzen, und die Schwächen reduzieren und sie dahin navigieren, wo sie nicht stören. Also bitte, reflektieren Sie an dieser Stelle nicht allein Ihre Person, sondern vielmehr Ihr Unternehmen, von dem Sie selbst ein wichtiger Teil sein.

Bin ich knapp an Kapital, dann muss ich mir finanzkräftige Partner suchen, oder ein Geschäftsmodell wählen, das mit weniger Kapital zurechtkommt. Werfen Sie nochmal einen Blick auf die Erfolgsfaktoren, die Sie für die unterschiedlichen Marktsegmente definiert haben („Schritt 4: Die Marktsegmentierung"). Können Sie die wichtigen Erfolgsfaktoren wirklich gut abdecken? Wenn nicht, ist das sicherlich eine Schwäche und es gilt Gegenmaßnahmen zu finden. Werfen Sie einen Blick auf Ihr Geschäftsmodell und suchen Sie – mit der Methode des schauen Hinguckens- mögliche Schwachstellen. Habe ich die richtigen und wichtigen Kompetenzen in meinem Team? Denken Sie bei Kompetenzen auch jenseits von Fachkompetenz auch an Führungskompetenz, Fähigkeiten im Umgang mit Kunden und andere „weiche" oder kulturelle Themen. Wie risikoreich ist Ihre Kundenstruktur? Sind Sie gegen lang andauernde Maschinenausfälle gewappnet (z.B. alte Maschine ohne Ersatzteil-Versorgung ohne Ausweichmöglichkeit)?

Auch dies wäre ein Punkt, den Sie mit aufnehmen sollten, sofern relevant.

Eine Schwäche, die häufig insbesondere in kleinen Betrieben vorliegt und meist ignoriert wird, ist die Tatsache, dass die Hauptlast für das Unternehmen auf einigen wenigen Schultern lastet. Was passiert wenn ein Leistungsträger ausfällt? Wie lange sind Sie selbst noch leistungsfähig? Was passiert, wenn Sie selbst ausfallen? Zu dem Thema Notfallplan und Nachfolgeregelungen werde ich etwas später noch ein paar Gedanken festhalten.

Jetzt machen Sie sich daran, diese Informationen für Ihr Unternehmen aufs Papier zu bringen. Alles was da jetzt steht, sind Dinge, die Ihre Position ausmachen, im Guten wie im Schlechten. Immer mit Hinblick auf Wettbewerber und Erfolgsfaktoren im Markt und dem Funktionieren Ihres Geschäftsmodells in diesem Markt. Werfen Sie dabei auch einen Blick auf Ihre Antworten zu Aufgabe 2 d bis f („Umfeld-Analyse Wettbewerber").

Aufgabe 6.1:

Beantworten Sie die folgenden Fragen schriftlich:

    a) *Welche Stärken zeichnen mich und mein Unternehmen aus?*

Inwiefern habe ich dadurch einen Vorteil gegenüber meinen Wettbewerbern?

b) *Welche Schwächen habe ich im Vergleich zu Wettbewerbern?*
   Wo habe ich einen Nachteil gegenüber Wettbewerbern?

c) *Welche Schwachpunkte finde ich in meinem Geschäftsmodell?*

Schritt 6/2:

Risiken und Chancen von außen

Im nächsten Schritt wenden wir unseren Blick nach außen, auf das Umfeld in dem sich Ihr Unternehmen bewegt. Nehmen Sie sich das Antworten-Blatt von Aufgabe 2 a bis c („Umfeld-Analyse Trends") nochmals zur Hand und lesen Sie es durch. Ergänzen Sie, was Ihnen jetzt noch zusätzlich dazu einfällt. Welche Bedrohungen ergeben Sich aus den Trends, die bereits heute erkennbar sind? Die Vernetzung beispielsweise. Ist die verbreitete Nutzung des Internets eine Bedrohung? Nun, das kommt sicher auf Ihr Geschäftsmodell an. Die renommierten Tageszeitungen sehen, wie durch Online-Portale ein großer Teil der Einnahmen aus Annoncen auf der Strecke bleibt, während mittlerweile Online-Portale sehr erfolgreich Jobs und Immobilien vermitteln. Des einen Risiko, des anderen Chance. Was bedeutet der zunehmende Zuzug in Städte (Urbanisierung) für mein Geschäft? Oder der Trend hin zu gesünderer Ernährung? Die bereits stattfindende Alterung der Bevölkerung in Deutschland? Der Zuzug und die Immigration von Menschen aus anderen Kulturkreisen? Ein Unternehmens-Chef beim Wettbewerber, der keinen Nachfolger hat? Ein geplantes Einkaufszentrum in meiner Straße, oder eine neue Schule? Eine Schnell-Straße?

Staatliche Förderprogramme bieten häufig zusätzliche Chancen am Markt für mittlere und kleine Unternehmen. Denken Sie z.B. an die Förderung von Biogasanlagen, Solaranlagen oder Isolierung von Wohnhäusern. Falls Sie solche Chancen konsequent für Ihr Unternehmen nutzen wollen, denken Sie bitte auch an die Zeit nach Auslauf des Förderprogramms. Staatlich geförderte Märkte entwickeln sich häufig rasant schnell und explodieren scheinbar (weil es sich eben aufgrund der staatlichen Unterstützung „rechnet" und auch Banken daher gerne Geld zur Verfügung stellen).

Nach Ablauf der Förderprogramme brechen diese dann gerne dramatisch ein oder verschwinden komplett (weil es sich eben nicht mehr rechnet).

Damit bilden diese Märkte dann keine Existenz-grundlage mehr für ein Unternehmen. Falls Sie also auf subventionierte Märkte setzten, informieren Sie sich, wie lange die Förderprogramme greifen und bereiten Sie Ihren Plan für die Zeit danach mit einem zweiten oder dritten Standbein vor.

Halten Sie die Augen offen für Dinge, die sich in Ihrem Umfeld verändern oder vermutlich verän-dern werden. Wächst der Markt, den ich mir als Zielmarkt vornehme, oder wird er kleiner? Entste-hen vielleicht ganz neue Märkte? Wer hätte vor 15 Jahren gedacht, dass Menschen mal ausziehbare Stangen für € 50 kaufen, auf die sie ihr Handy stecken, um sich selbst zu fotografieren? Es entste-hen immer neue Märkte! Sehen Sie Risiken kommen? Oder aber Chancen für zusätzliches Geschäft? Schreiben Sie diese auf.

Aufgabe 6.2:

Beantworten Sie die folgenden Fragen schriftlich:

a) *Welche Risiken sehe ich in Markt und Umfeld, die den Erfolg meines Unternehmens gefähr-den?*

b) *Welche Veränderungen sehe ich in Markt und Umfeld, die zusätzliche Chancen darstellen?*

Schritt 6/3:
Ableitung Strategischer Maßnahmen

Nun gehen wir weiter zur zweiten Stufe und versuchen abzuleiten, was denn zu tun ist. Fassen Sie dazu zunächst die in diesem Kapitel gewonnen Erkenntnisse in einer kleinen Tabelle, sortiert nach „Stärken", „Schwächen", „Chancen" und „Risiken/Bedrohung", zusammen. Das wird Ihnen die weitere Arbeit erleichtern.

Danach kombinieren Sie jeden der Begriffe, die Sie unter Chancen/Bedrohungen gelistet haben mit jedem Begriff, den Sie unter Stärken und Schwächen gelistet haben (*siehe Abb. 6*). Machen Sie sich zu jedem dieser Begriffspaare Gedanken, was Sie tun können, um die Situation für Ihr Unternehmen zu verbessern. Entweder die Chancen zu nutzen, oder Risiken/Bedrohung zu verringern. Wenn Sie der Meinung sind, nichts ist zu tun oder dieses Paar ergibt keinen Sinn, gehen Sie zum nächsten Paar weiter. Fokussieren Sie auf Paare, bei denen Sie der Meinung sind, Sie können was verbessern.

Bitte richten Sie besonderes Augenmerk auf die Paarungen „Chancen" + „Stärken". Hier gilt es Maßnahmen zu definieren, die Ihnen helfen, Gas zu geben und zusätzlichen Umsatz zu generieren. Gleiches gilt für die Paarungen „Risiken" und „Schwächen". Hier kann es uns besonders hart treffen, wenn uns diese Risiken unvorbereitet treffen.

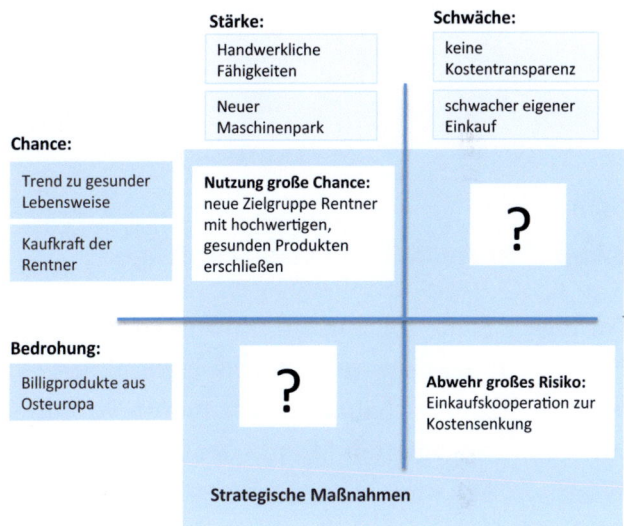

Abbildung 6:
Konzept der „SWOT"-Stärken/ Schwächen/ Chancen/ Risiken-Analyse mit Ableitung von strategischen Maßnahmen

Aufgabe 6.3:

a) *Erstellen Sie eine Tabelle entsprechend Abbildung 6 und übertragen Sie die Chancen, Bedrohungen, Stärken und Schwächen aus Ihren Notizen.*

b) Kombinieren Sie jeden Punkt oder Begriff aus Stärken/Schwächen mit jedem Punkt oder Begriff aus Chancen/Bedrohungen und notieren Sie mögliche Maßnahmen in das Kreuzungsfeld der jeweiligen Spalte/ Zeile.

Schritt 6/4:
Möglicher Ausfall von Leistungsträgern

An dieser Stelle sei mir ein Einwurf gestattet zum Thema Notfallplan und Nachfolgeregelung. Vor wenigen Jahren telefonierte ich montagvormittags mit einem engagierten Mitarbeiter in meiner Organisation. Er war als Abteilungsleiter für eine Wachstumsregion in meinem Vertriebsteam verantwortlich. Er rief mich an aus seinem Firmenwagen, während er ins Krankenhaus fuhr, um sich dort untersuchen zu lassen. Dort erlitt er am selben Tag einen Schlaganfall. In der Folgewoche stand ich an seinem Grab. Er war Ende 40, nur wenig älter als ich selbst.

Warum platziere ich diese Geschichte in einem Leitfaden zur Strategieentwicklung? Nun, es war sehr schwer für mich, den kurzfristigen Verlust des Kollegen wegzustecken. Persönlich, emotional, also auch organisatorisch. Ich musste Aufgaben auf andere Schultern in meinem Team verlagern. Einen Teil übernahm ich selbst. Was machen Sie, wenn einem Ihrer wichtigsten Mitarbeiter so etwas passiert? Wie halten Sie Ihr Unternehmen erfolgreich am Laufen, wenn Ihnen ein Leistungsträger ausfällt. Wie geht es mit Ihrer Firma weiter, wenn Sie selbst längerfristig ausfallen? Oder ganz?

Leistungsträger und gute Führungskräfte fallen nicht vom Himmel, wenn man sie braucht. Dennoch ist beim Thema Unternehmensnachfolger/-in sehr viel vorbereitbar. Selbst wenn Sie als Unternehmer sich unsicher sind, ob Ihr Sprössling schon das Format hat, in Ihre (sicherlich großen) Fußstapfen zu treten, sollten Sie sich mit dem Gedanken tragen, ihn für eine solche Aufgabe vorzubereiten. Mit professioneller Unterstützung durch eine erfahrene (externe) Führungskraft als Mentor, in einem Umfeld, welches Lernen zulässt, können Menschen sich entwickeln, denen Sie es vielleicht so nicht zugetraut hätten. Vorausgesetzt, sie selbst wollen es auch.

Daher mein Rat: fangen Sie zeitig damit an und trauen Sie Ihren möglichen Nachfolgern etwas zu! Geben sie ihnen Chancen, Fehler zu machen. Geben Sie ihnen früh genug die Möglichkeit zur Entwicklung! Suchen Sie einen geeigneten Menschen mit Lebenserfahrung, der ihm oder ihr hilft sich zu entwickeln, menschlich wie fachlich. Vielleicht haben Sie ja einen befreundeten Unternehmer, der sich traut, ggf. auch Ihnen zu widersprechen. Eine interessante Alternative kann es auch sein, einen Profi-Mentor zu engagieren.

Wir verdrängen Gedanken bezüglich unserer eigenen Vergänglichkeit natürlich. Aber diese Dinge passieren. Menschen sterben, auch wenn sie noch keine 100 Jahre sind. Wenn Familien vom Einkommen aus Ihrer Firma abhängen, Ihre eigene oder die Ihrer Mitarbeiter, sollten Sie auch verantwortlich genug sein, sich Gedanken darüber zu machen, was im Falle des Verlust Ihrer eigenen Leistungsfähigkeit passieren wird.

Bereiten Sie den Krisenplan mit klarem Kopf vor. Wer kann einspringen aus der Familie? Gibt es Mitarbeiter, die bereits im Vorfeld am Unternehmen beteiligt werden sollten? Kommt die Krise nicht, umso besser. Kommt sie doch, werden alle sich deutlich sicherer fühlen, wenn bereits ein Plan existiert und alle Beteiligten in Ihrem Sinne handeln können. Hektik oder Panik werden vermieden. Die Nachfolger können Ihr Lebenswerk sicher in Ihrem Sinne weitertragen.

Aufgabe 6.4:

Beantworten Sie die folgenden Fragen schriftlich:

a) *Wer sind Leistungsträger in Ihrem Unternehmen, deren Ausfall den Fortbestand des Unternehmens gefährden könnte?*

b) *Welchen Notfallplan sehen Sie dafür vor?*

c) *Wie ist die Unternehmensnachfolge geregelt bzw. ist ein Nachfolger für die Aufgabe vorbereitet?*

Ergänzen Sie das Thema „Notfallplan" entsprechend Ihrer Entscheidung bei Ihren strategischen Maßnahmen!

Wenn Sie nun auf die Tabelle mit den Chancen/Bedrohungen und Stärken/ Schwächen blicken, haben Sie bereits eine grobe Version ihrer strategischen Maßnahmen vor sich. Sichten Sie nun diese Maßnahmen nochmals, streichen Sie alles was Ihnen nicht mehr wichtig oder relevant erscheint. Das Ergebnis nehmen Sie mit zum nächsten Schritt.

Schritt 7

Das Festlegen und Umsetzen der strategischen Maßnahmen

Jetzt sind Sie beim letzten Schritt angekommen und es wird ernst mit der Strategie. Es geht nun darum festzulegen, was konkret getan wird und was Sie sich konkret vornehmen. Und dann wird umgesetzt. Nichts leichter als das, sagt der praxiserfahrene Macher. Möglicherweise freuen Sie sich auf diesen Teil mehr als über das Analysieren auf dem Weg bis hierher. In diesem Schritt werden Sie Ihre inhaltliche Strategie (Ihre „Story") und Ihre strategische Planung quasi verschmelzen lassen zu einer Einheit.

Legen Sie nun bitte drei Unterlagen vor sich auf den Tisch:

- Ihre Unternehmensziele (Aufgabe 1c),

- das Geschäftsmodell Ihres Unternehmens (Aufgabe 5), sowie

- die Ableitung strategischer Maßnahmen (Aufgabe 6.3 und 6.4).

Gleichen Sie nun diese drei Unterlagen gegenei-
nander ab und überprüfen Sie, ob diese eine kon-
sistente Geschichte erzählen. Wenn Sie Wider-
sprüche entdecken, lösen Sie diese.

7.1 Die Zielsetzung und Planung

Definieren Sie nun Ihre strategische Umsatzpla-
nung. Wollen Sie wachsen, stagnieren oder
schrumpfen? Welcher Zeitraum ist für Sie relevant?
Zwei, drei oder vielleicht fünf Jahre? Ist die
Geschichte plausibel im Rahmen der gewählten
Strategie? Legen Sie Ihre Ziel-Profitabilität oder -
Marge pro Marktsegment oder Produktlinie fest.
Getränke im Restaurant werden mit anderen Margen verkauft als Speisen. Nutzen Sie die Möglichkeiten im Markt. Denken Sie daran, dass Preise vom
Markt diktiert werden, nicht von einer Kosten-
kalkulation. Kostenkalkulationen helfen allerdings,
Preisuntergrenzen („Schmerzgrenzen") zu definieren, ab denen ein Geschäft keinen Spaß mehr
macht. Ihr Unternehmen muss Geld verdienen, um
zu überleben. Das ist nichts Schlechtes. Daher ist es
auch nichts Schlechtes, ein schlechtes Geschäft
nicht zu machen. Überprüfen Sie Ihre Kundenstruktur (oder nach Marktsegment), gleichen Sie
diese mit der Aufwandstruktur ab, und entscheiden
Sie, wie Sie beide verändern wollen.

Im nachfolgenden Beispiel plant der Gartenbauer den Umsatzanteil (linke Seite) für Renovierung und Ladengeschäft zu erhöhen, um weniger abhängig zu sein von öffentlichen Aufträgen und Neubauten. Diese letztere beiden können stark schwanken, abhängig von der konjunkturellen Lage. Bei einem starken Abschwung könnten viele Aufträge ausbleiben. Dafür möchte er seinen Anteil im Bereich Gartenrenovierung erhöhen. Wie er an die Aufträge kommt? Das muss er sich gut überlegen. Kontaktaufbau zu Firmen, die auf Sanierung spezialisiert sind? Werbung? Was auch immer.

Begleitend wird er vielleicht bei öffentlichen Ausschreibungen und bei Neubauten etwas teurer anbieten, was zu Auftragsrückgang und Margenverbesserung in diesem Segment führen wird. Umsatzanteil und Kostenanteil pro Segment kommen sich näher. Er und sein Team haben somit einen klareren Handlungsrahmen (z.B. bei der Erstellung von Angeboten).

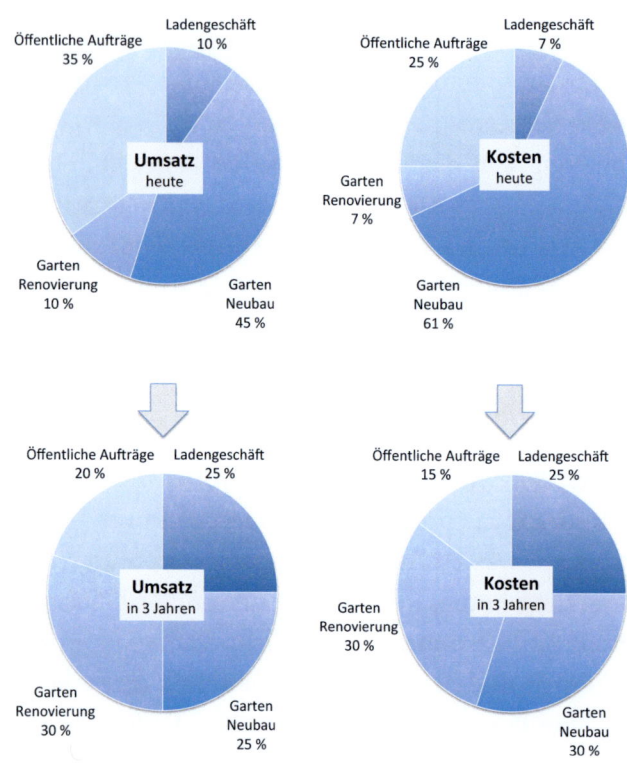

Abbildung 7.1:

Beispiel einer einfachen Umsatz- und Kostenanalyse nach Markt-segment, sowie der geplanten Veränderung in drei Jahren

Leiten Sie Ihre Investitions- und Kostenplanung auf der Basis von solchen Überlegungen ab. Welche Maschinen werden benötigt? Klären Sie, woher die finanziellen Mittel dafür kommen sollen. Ist das alles für Sie plausibel und machbar? Wenn nicht, entscheiden Sie, was gemacht wird und was nicht.

Leiten Sie Ihre Personalplanung ab. Brauchen Sie zusätzliche Arbeitsplätze und Mitarbeiter? Schätzen Sie ab, an welchem Punkt Änderungen bezüglich Führung und Organisation nötig werden. Kritische Punkte sind häufig um 15 Mitarbeiter, danach wieder um 100. Bei diesen Größen müssen gerne größere Veränderungen in Sachen Führung und Organisation angegangen werden.

Untrügliches Indiz für eine nötige Veränderung: Sie fühlen sich überfordert, Ihnen scheint das Ganze über den Kopf zu wachsen. Die Partnerschaft leidet möglicherweise unter der Anspannung im Geschäft. Dann spätestens ist es Zeit, mit professioneller Hilfe durch einen Unternehmensberater das Führungssystem Ihres Unternehmens an die neue Situation anzupassen. Es ist nichts Schlechtes, sich externe Hilfe zu besorgen. Eine der wichtigsten Fähigkeiten als Unternehmer ist es, realistisch einschätzen zu können, was man kann und was nicht. Und für das, was man nicht gut kann und doch braucht, holt man sich jemanden, der es kann.

Seien Sie sich auch darüber im Klaren, dass Ihre Fähigkeiten sich wandeln müssen, wenn Ihr Unternehmen erfolgreich ist und wächst. Während am

Anfang Ihre Kompetenz in der Sache, Ihre Leidenschaft für das Produkt oder vielleicht Ihr Netzwerk die Schlüssel-Erfolgsfaktoren sind, weichen diese dann Fähigkeiten wie Aufbau von Organisation, Beschreibung von Prozessen, oder Auswahl und Weiterentwicklung von Mitarbeitern und Führungskräften. Dies sind andere Aufgabenstellungen als für ein Produkt zu brennen.

Falls sich Märkte unterschiedlich verhalten, kann es durchaus Sinn machen, eine „Zellteilung" zu forcieren und einen Unternehmensteil abzuspalten. So kann sich dieser auf die Erfolgsfaktoren des jeweiligen Markts fokussieren, ohne zu viel Kompromisse in Sachen Regeln, Prozesse und Vorgehensweisen aus anderen Unternehmensteilen machen zu müssen.

Aufgabe 7.1:

a) *Definieren Sie Ihren strategischen Planungszeitraum, den Sie betrachten wollen (z.B. zwischen 1 und 5 Jahren).*

b) *Definieren Sie für den in a) gewählten Zeitraum Ihr Umsatz und Ergebnis-Ziel (ggf. die Bandbreite).*

c) *Planen Sie grob für den in a) gewählten Zeitraum Investitionen, Kosten und Mitarbeiter.*

7.2 Die Maßnahmen

Selektieren Sie, welche Maßnahmen aus Schritt 6 „Abgleich Ziele-Umfeld-Geschäftsmodell" Sie tatsächlich angehen wollen und schätzen Sie den Aufwand ab. Ist es tatsächlich machbar? Überfordern Sie sich und Ihre vielleicht kleine Organisation nicht. Jede Maßnahme bekommt einen Verantwortlichen zugewiesen (es müssen ja nicht immer Sie sein) und einen Termin. Falls Sie zu den Menschen gehören, die gerne sagen „man müsste das tun" und dann passiert nichts? Hier mein Rat: Streichen Sie das Wort „man" aus Ihrem Wortschatz! Wir wundern uns immer wieder, wie lange „man" darauf wartet bis „man" etwas tut. Sagen Sie stattdessen „ ich werde..." oder „machen Sie das bitte bis...?". Diese Klarheit hilft Ihnen und Ihren Mitarbeitern.

Aufgabe 7.2:

a) *Entscheiden Sie, welche Maßnahmen Sie im folgenden Jahr vorantreiben werden. Welche nicht.*

b) *Setzen Sie die Maßnahmen um oder entscheiden Sie bewusst bezüglich Veränderungen.*

7.3 Die Strategieunterlage

Wie sieht sie nun aus, diese Ihre Strategieunterlage, mit der Sie Mitarbeiter motivieren und Geldgeber für sich gewinnen? Nun, Sie sollten all das an Informationen reinpacken, was aus deren Sicht wichtig und relevant ist. Nicht aus Ihrer. Versuchen Sie sich, in deren Perspektive reinzudenken. Nicht zu viel an Details, sonst kann ein Laie in Ihrem Geschäft Ihren Gedanken und Ideen nicht folgen.

Auch hier gibt es kein richtig oder falsch. Mein Vorschlag sieht wie folgt aus: stellen Sie ein Dokument mit sieben Absätzen oder sieben Seiten zusammen. Dies hat nichts mit den sieben Schritten bei der Strategieentwicklung zu tun. Es sind nur zufällig auch sieben Punkte, die mir hier besonders relevant erscheinen. Also bitte lassen Sie sich durch die „sieben" nicht verwirren. In der Struktur sieht das wie folgt aus:

1. ***Positionierung und Geschäftsmodell***
   Hier nehmen Sie das Ergebnis von Aufgabe 5.10 (Übersichtsschaubild Geschäftsmodell) und ergänzen Sie ggf. mit wenigen Sätzen das Ergebnis von Aufgabe 1b („Warum sollte mir jemand Geld geben wollen für das, was ich anbiete?") und Aufgabe 3 („Die eigene Positionierung"),

falls das nicht bereits im Übersichtsschaubild Geschäftsmodell klar und deutlich formuliert ist.

2. *Marktsegmentierung*
   Hier übernehmen Sie die Ergebnisse von Aufgabe 4 („Die Marktsegmentierung"), inklusive der Erfolgsfaktoren und Erfüllung durch die Hauptwettbewerber.

3. *SWOT-Analyse*
   Hier übernehmen Sie die Ergebnisse von Aufgabe 6.3 („Ableitung strategischer Maßnahmen"), inklusive der möglichen Maßnahmen

4. *Umsatz- und Ergebnisstruktur*
   Stellen Sie hier Ihre Umsatz- und Ergebnisstruktur heute und für den gewählten Zeitpunkt in der Zukunft dar. Eine Orientierung kann hier Abbildung 7 sein. Wählen Sie eine für Ihr Geschäft sinnhafte Darstellung.

5. *Zielsetzung und Planung*
   Übernehmen Sie die Ergebnisse von Aufgabe 7.1.

6. *Maßnahmenverfolgung*
   Übernehmen Sie die Ergebnisse von Aufgabe 7.2.

7. **Notfallplan**

   Übernehmen Sie die Ergebnisse von Aufgabe 6.4.

Sie sehen, die Reihenfolge dieser Punkte ist nicht identisch mit unserer Vorgehensweise in der Strategieentwicklung. Das hängt ganz einfach daran, dass diese Strategieunterlage für den Adressaten (Mitarbeiter, Geldgeber) leicht verständlich sein soll. Diesen wiederum interessiert wenig, in welchen Prozess-Schritten die Unterlage entwickelt wurde. Und los geht die Umsetzung!

Vergessen Sie nicht, Ihre Mitarbeiter zu informieren. Die sollen wissen, was Sie vorhaben. Wenn Ihre Mitarbeiter wissen, wo Sie hinwollen, können diese auch entscheiden, ob Sie ihnen folgen wollen. Und wenn Ihre Strategie erfolgsversprechend ist, werden Sie das auch tun, davon bin ich überzeugt. Denken Sie daran: eine Strategie gehört nicht in die Schublade!

Notfallplan

Maßnahmenverfolgung

Zielsetzung und Planung

Umsatz- und Ergebnisstruktur

SWOT Analyse

Marktsegmentierung

Positionierung und Geschäftsmodell

Meine Firma

Strategie &
Geschäftsmodell

Abbildung 7.3:
Beispiel einer Strategieunterlage

Wenn Sie an dieser Stelle etwas Bauchschmerzen bekommen, weil Sie Ihren Partnern und Mitarbeitern noch nie solche (aus Ihrer Sicht sensiblen Informationen) zur Verfügung gestellt haben, empfehle ich Ihnen: reflektieren Sie, was für Sie das mögliche Risiko, d.h. was im schlimmsten Fall passieren könnte und was die mögliche Chance ist. Dann entscheiden Sie bewusst, wer was zu sehen bekommen soll.

Aufgabe 7.3:

a) *Erstellen Sie Ihre Strategieunterlage.*

b) *Informieren Sie Ihre Schlüsselmitarbeiter, bzw. Ihre Führungskräfte.*

7.4 Die Überprüfung des Fortschritts

Nehmen Sie sich in regelmäßigen Abständen ein wenig Zeit im Tagesgeschäft, um aus dem täglichen Hamsterrad zu blicken und den Maßnahmenfortschritt zu überprüfen. So macht Strategie Sinn. Strategische Ausrichtung und operative Maßnahmen greifen ineinander. Kommen Sie nicht voran, geben Sie mehr Gas, verändern Sie die Aufgabenstellung oder streichen Sie die Maßnahme. Machen Sie bewusste Entscheidungen, wofür Sie Ihre wertvolle Lebenszeit einsetzen.

Sie nehmen ein Ziel ins Visier und Sie verfolgen es konsequent mit einem Plan, einer Wegbeschreibung. Das genau ist Ihre Strategie. Überprüfen Sie regelmäßig, ob Sie auf Kurs sind mit wenigen Kennzahlen. Selbst wenn Sie kein Zahlenfreund (m/w) sein sollten, was ich durchaus verstehe, haben Sie bitte fortlaufend den Blick auf einige wenige Kennzahlen, die für Sie und Ihr Unternehmen relevant sind. Umsatz und Cash-Flow, also was an Geld reinkommt und rausgeht, sind das Mindeste, auf was Sie achten sollten. Auch ein zahlen-hassender Kleinst-Unternehmer kann einmal im Monat Kasse und Kontoauszug überprüfen und überprüfen was übrig bleibt, ohne dass sich Pusteln an seinen Händen bilden. Idealerweise nehmen Sie die Kennzahlen für die Überprüfung des Fortschritts, die Sie auch in der Strategie als Zielgröße verwenden. So können Sie schnell sehen, ob Sie noch auf Kurs sind oder ob Sie gegensteuern müssen.

Im Folgejahr investieren Sie dann deutlich weniger Zeit für Ihre Strategie. Folgen Sie denselben Schritten, aber erfinden Sie das Rad nicht jedes Jahr neu. Ergänzen Sie, was sich geändert hat. Draußen wie Drinnen. Seien Sie kritisch bezüglich Veränderungen, die sich im Umfeld oder in Ihrer Unternehmung eingestellt haben. Chancen oder Risiko? Hinterfragen Sie jeden im Vorjahr gesetzten Punkt auf Gültigkeit. Die Schritte 6 und 7 setzen Sie jedes Mal komplett neu auf. So reduzieren Sie das Risiko eigener Scheuklappen. Ihre Strategie wird zum lebenden Dokument. Viel Erfolg!

Aufgabe 7.4:

a) *Setzen Sie sich einen Termin für eine monatliche oder quartalsmäßige Überprüfung des Maßnahmenfortschritts.*

b) *Setzten Sie sich einen Termin für die nächste Strategie-Runde im Folgejahr.*

IV. Schlusswort

„Ja, Strategie ist ein wesentlicher Bestandteil von wirksamer Führung. Warum sollte ich jemandem folgen, wenn ich nicht weiß, wohin?", so mein Zitat aus dem Vorwort. Ich hoffe, dass Sie jetzt, nachdem Sie dieses Buch gelesen haben, Ihr eigenes Bild schärfen konnten, bezüglich dessen, was Sie vorhaben und wohin Sie Ihr Unternehmen führen wollen.

Wenn Sie mit Ihren Führungskräften und Leistungsträgern sprechen und Ihre Ideen mit ihnen teilen, werden Sie überrascht sein, wie viele Gedanken sich diese ebenfalls über Ihr, oder vielmehr ihr Unternehmen machen. Und das ist gut so. Motivation geht nur über Identifikation. Suchen Sie die kritische Diskussion, suchen Sie die konstruktive Diskussion. Sie wissen ja, ohne Reibung entstehen keine Funken. Und ohne Funken kein Feuer. Und Sie wollen doch, dass Ihre Mitarbeiter für Ihr Unternehmen brennen.

Gute Strategien sind meist einfach. Ein klares Ziel, ein Bild, das begehrenswert ist, und ein vielleicht noch etwas unklarer Weg dahin. Das ist schon viel mehr, als Sie vielleicht bisher haben. Machen Sie es sich zur Routine, mit Ihren Mitarbeitern regelmäßig über die Zukunft zu sprechen und über das, wie Sie als Unternehmen für Ihre Kunden wertvoll sein wollen.

Ich bitte Sie, nehmen Sie sich ab und zu etwas Zeit und treten Sie einen Schritt zurück aus der täglichen Hektik um über die Zukunft nachzudenken. Ihre Zukunft und die Ihres Unternehmens.

Wenn Ihre Ziele vorstellbar für Ihre Mitarbeiter sind und zu gemeinsamen Zielen werden, setzt dies Kräfte frei, die helfen, Ihr Unternehmen zu verändern und zukunftssicher zu machen. Unsere Welt wird sich rasant verändern in den nächsten Jahren. Lernen Sie eine kraftvolle Strategie als wirksames Führungsinstrument auf diesem Weg kennen. Führung ist eine Einladung zum gemeinsamen Erfolg. Die Strategie ist die Einladungskarte. Unsere Chancen aufgrund der Veränderungen in unserer Welt werden reichlich sein. Es ist unsere Aufgabe sie zu nutzen! Es ist unsere Verantwortung Sie zu nutzen.

Ich wünsche Ihnen und Ihrem Team, dass Sie mit einer klaren Strategie Ihren Hafen ansteuern, sicher Ihre Kräfte bündeln und Entscheidungen bewusst treffen. Und ich hoffe, dass Ihnen dieses Buch ein klein wenig auf diesem Weg hilft.

„Wer den Hafen nicht kennt, in den er segeln will,
für den ist kein Wind der richtige."

Lucius Annaeus Seneca

Literaturhinweise

Osterwalder, Alexander/ Pigneur, Yves:
Business Model Generation: Ein Handbuch für
Visionäre, Spielveränderer und Herausforderer.
Frankfurt: Campus Verlag 2011

**V. Oettinger, Bolko/ v. Ghyczy, Thia/ Bassford,
Christopher:** Clausewitz: Strategie denken. München:
Deutscher Taschenbuch Verlag 2003

Malik, Fredmund: Führen Leisten Leben. Frankfurt/
New York: Campus Verlag 2006

Paschen, Michael/ Dihsmaier, Erich: Psychologie der
Menschenführung. Berlin/ Heidelberg: Springer Verlag
2011

Hartmann, Bruno: Drahtseilakt Unternehmenswandel.
Wiesbaden: Springer Gabler Verlag 2017

Der Autor

 Bruno Hartmann ist Ingenieur und Manager, aber auch begeisternder Keynote-Speaker und gefragter Strategie- und Führungsexperte. Er studierte Wirtschaftsingenieur-wesen in Rosenheim und graduierte als MBA von der Clemson University in Clemson, USA. In über 25 Jahren internationaler Berufspraxis durfte er die Auflösung des Mannesmann-Konzerns erfahren und viele Veränderungen selbst mitgestalten, darunter den Wandel eines Mittelständlers zu einem modernen Konzernunternehmen. Er steuerte erfolgreich eine weltweite Vertriebsorganisation, führte Krisenteams und gestaltete Firmenübernahmen von beiden Seiten mit.

Heute hält er eine leitende Funktion im Vertrieb eines international führenden Technologie-Konzerns, dessen Aufsichtsrat er ebenfalls angehört.

Weitere Informationen unter:
www.bruno-hartmann.com